BDSM IM FILM

Books LLC®, Wiki Series, Memphis, USA, 2011. ISBN: 9781158766109. www.booksllc.net
Copyright: http://creativecommons.org/licenses/by-sa/3.0/deed.de

Inhaltsverzeichnis

24/7 The Passion of Life	1
8mm – Acht Millimeter	2
9½ Wochen	4
A Woman of the World	5
Belle de Jour – Schöne des Tages	5
Beyond Vanilla	6
Bitter Moon	6
Der Nachtportier	7
Der Wolf hetzt die Meute	8
Devot (Film)	8
Die 120 Tage von Sodom (Film)	9
Die Früchte der Leidenschaft	10
Die Geschichte der O	11
Die Klavierspielerin (Film)	12
Die Peitsche der Pandora	14
Die flambierte Frau	14
Dirty Pictures	15
Domina – Die Last der Lust	16
Fessle mich!	16
Fireworks (Film)	17
Gwendoline	17
Hana to Hebi	18
Hellraiser – Das Tor zur Hölle	19
Hingerissen von einem ungewöhnlichen Schicksal im azurblauen Meer im August	20
Ichi the Killer	21
Im Reich der Sinne	22
Jess Franco	23
KinK	24
Manderlay	24
Mango Kiss	27
Martha (Film)	28
Matador (Film)	29
Maîtresse (Film)	29
Menthe – la bienheureuse	30
Moonlight Whispers	30
Pepi, Luci, Bom und der Rest der Bande	31
Personal Service	31
Preaching to the Perverted	32
Psychopathia Sexualis (Film)	32
Quills – Macht der Besessenheit	33
Romance XXX	34
S&M Hunter	35
SICK: The Life and Death of Bob Flanagan, Supermasochist	35
Secretary	36
Shogun's Sadism	37
Shortbus	38
Sinfonía erótica	39
The Fashionistas	39
The Image	40
The Notorious Bettie Page	41
The Story of Joanna	41
Tokio Dekadenz	41
Tokugawa – Gequälte Frauen	42
Tops & Bottoms	42
Undercover Cops	43
Venus im Pelz (Film)	44
Verfolgt (2006)	44
Verführung: Die grausame Frau	45
Vor Einbruch der Nacht	46
Walk All Over Me	47
Wambo	47
Wilde Nächte – Leidenschaft ohne Tabus	48
Wir leben … SM!	48

24/7 The Passion of Life

24/7 The Passion of Life ist ein deutscher Spielfilm von Roland Reber aus dem Jahr 2006.

Handlung

Die Hoteliertochter Eva (Marina Anna Eich) begegnet zufällig bei einer Motorradpanne der Soziologin Magdalena (Mira Gittner), die als Domina „Lady Maria" in einem SM-Studio arbeitet. Fasziniert von der bizarren Welt der Lady Maria, feststellend, dass es in ihrer heilen Welt alles gibt außer Lust und Leidenschaft, begibt sich Eva auf die Suche nach ihrer Sexualität, ihrer ureigensten Identität, und beginnt eine Odyssee durch die verborgenen Orte der Lust – Orte, von denen alle so tun, als ob sie nicht existierten und die es doch überall gibt: SM-Studio, Swingerclub, Stripteasebar – eine Suche, die sie auch in Konflikt mit dem Normierungszwang und der Doppelmoral der Gesellschaft bringt.

Lady Maria setzt das Geschehen im Domina-Studio in Beziehung zu Religion – Anbetung, Beichte, Strafe als Akt der Vergebung – ebenso wie zu emotionalen Momenten wie Trösten, Geborgensein und Aussprechen. In einer scheinbar bizarren Welt entsteht eine Wärme für den Menschen mit seinen dunklen Seiten.

Der Film ist trotz des Handlungsortes weniger ein Film über BDSM als über das Ausleben alternativer Lebensvorstellungen. SM-Studio, Swingerclub und Stripteasebar wurden nicht in Filmstudios nachgestellt, sondern die betreffenden Filmszenen wurden an Originalschauplätzen gedreht, jeweils mit tatsächlich dort beteiligten Menschen in den entsprechenden „Nebenrollen". Der Film ist seit dem 16. Februar 2006 in den deutschen Kinos. Die Macher (Regisseur und Hauptdarsteller) begleiteten den Film zu mehr als 60 Publikumsdiskussionen durch Deutschland und Österreich.

Kritiken

„…Im Grunde ist ‚24/7' mit seinen Ritualen der Sehnsucht eine komplexe Studie der Einsamkeit. Rebers Film ist eine SM-Oper mit absurd-komischen Szenen und melodramatischen Sequenzen, eine wilde Melange aus Poesie und Obszönitäten, in der das Rotweinklistier neben dem Hessezitat steht und das Domina-Studio zum Mittelding zwischen

Hobbykellern und Kathedrale wird. Im Showdown, angesiedelt irgendwo zwischen Jess Franco und Peter Greenaway, werden Katrierung und Ausleuchtung klar: sie gleichen ‚vaginalen' Fenstern für eine neue, wiedergeborene Perspektive"
– *Süddeutsche Zeitung*

„Der wohl erste deutsche Spielfilm, der sich die Mühe macht, SM so zu zeigen, wie es ist. Wobei es allerdings kein reiner SM-Film ist. Sondern ein Film über den Umgang der Gesellschaft mit Sexualität an sich. Ein Film über Religion, Moral und Doppelmoral. (…) So hat beispielsweise Mira Gittner, die die Domina Maria spielt, vorher eine halbe Woche im SM-Studio als Zweit-Domina assistiert. (…) Manches wirkt auch deshalb echt, weil es wirklich echt ist. So sind viele Nebenrollen mit echten SMern, Swingern und Stripperinnen besetzt, die sich selber spielen."
– *schlagzeilen.com*

„Der Regisseur Roland Reber zum Beispiel hat einen dilettantischen Film über katholische Sadomaso-Jünger gemacht, in dem die bayerisch sprechenden Darstellerinnen und Darsteller dauernd halbentblößt vom Recht auf sexuelle Freizügigkeit predigen - „24/7 The Passion of Life", so der Titel, war Hofs kurioseste Lachnummer."
– *Wolfgang Höbel: Spiegel Online*

„…Ein sehenswerter Film, den man vielleicht nicht mögen muss, aber der einem immerhin zum Nachdenken bewegt. Allzu viele Filme, von denen man das ernsthaft behaupten könnte, gibt es nicht."
– *Münchner Merkur*

„In etlichen Szenen hat man den Eindruck, eher einer drittklassigen Daily Soap beizuwohnen als einem ambitionierten Kunstfilm."
– *kino-zeit.de*

„24/7 The Passion of Life" ist eine lyrische Studie über Obsessionen, Einsamkeit und geheime Lust – ein philosophischer, tiefgehender Film."
– *Neue Zeitung für Tirol*

„Das Erotikdrama 24/7 - The Passion of Life wurde vom Independent-Filmlabel WTP International ohne Filmförderungen produziert und distribuiert. Schaut man sich den Film an, verwundert das kaum: Die Thematisierung von sexuellen Fetischen aus dem SM-Bereich und die Infragestellung des christlichen Glaubens sind harter Tobak, der eine tiefer gehende Auseinandersetzung als diese provokative Farce mit fragwürdiger Moral verdient hätten."
– *MovieMaze.de*

Festivals

- 2005 – Internationale Hofer Filmtage, Deutschland
- 2005 – Sitges Festival Internacional de Cinema de Catalunya, Spanien
- 2006 – Fantasporto, Portugal
- 2006 – Festival Internacional de Cine de Mar del Plata, Argentinien

Hintergründe

- Die Dreharbeiten fanden im September 2004 u. a. im *Studio Bizarradies* in München statt.

Von „http://de.wikipedia.org/wiki/24/7_The_Passion_of_Life"

8mm – Acht Millimeter

8mm – Acht Millimeter ist ein US-amerikanischer Thriller aus dem Jahr 1999 mit Nicolas Cage in der Hauptrolle. Der Film erreichte relative Berühmtheit dadurch, dass er sich mit der Existenzbestätigung von Snuff-Filmen beschäftigt. Der Filmtitel ist eine Anlehnung an das Super8-Filmformat.

Handlung

Privatdetektiv Tom Welles übernimmt eines Tages von Mrs. Christian, einer reichen Witwe, einen ungewöhnlichen Fall. Bei der alten Frau und ihrem Anwalt Daniel Longdale bekommt er einen Super8-Film zu sehen, der ihn aus seinem bisher so normalen Leben herausreißt. Es handelt sich mutmaßlich um einen Snuff-Film, in dem ein maskierter Mann ein Mädchen zu Tode foltert. Welles' Auftrag besteht nun darin, die Echtheit dieses Films zu überprüfen und so nimmt er die Suche nach den Herstellern auf.

Welles lernt in Los Angeles Max California, einen Angestellten eines Sex-Shops, kennen. Nach langen Nachforschungen findet Welles den Namen des ermordeten Mädchens heraus und trifft auf den glücklosen Porno-Produzenten Eddie Poole. Nach einem Gespräch beginnt er Poole zu beschatten. Dabei stößt er auf den Produzenten Dino Velvet, den er mit der Herstellung eines „ganz speziellen BDSM-Filmes" beauftragt.

Durch ein Video, das er vorher gesehen hat, kommt der Detektiv einen Schritt weiter: Der Mann, der eine Frau mit einem Messer attackiert hat, hatte dieselbe Tätowierung auf der Hand wie der Mörder in dem Film, der zu dem Auftrag geführt hat. Nun besteht Welles darauf, dass der Mann mit dem Pseudonym „Machine" auch in seinem Snuff-Film mitspielen soll. Weiterhin wünscht Welles bei den Dreharbeiten anwesend sein zu dürfen. Er schickt Max nach Hause und verspricht, ihn zu besuchen. Max ist sichtlich enttäuscht und tritt, wie es scheint, die Heimreise an. Das Treffen zwischen Welles, Poole, Velvet und Machine in einem abgelegenen Lagerhaus scheitert, da Daniel Longdale zugegen ist und Welles Tarnung absichtlich auffliegen lässt. Machine überwältigt Welles und kettet ihn an ein Bett.

Welles erfährt, dass Longdale mit Poole und Velvet einst gemeinsame Sachen machte. Longdale wurde vom Mann der Witwe, die Welles beauftragte, eine Million Dollar gezahlt, damit der ihm einen Snuff-Film besorgt. Da Longdale aber keinen solchen Film finden konnte, ließ er einen produzieren - das Mädchen wurde also tatsächlich grausam ermordet. Mit Max als Geisel zwingen die Verbrecher Welles dazu, den Film zu holen, und er muss zusehen, wie dieser verbrannt wird. Dann ermorden sie Max, indem Machine ihm die Kehle durchschneidet.

Welles lenkt die Verbrecher von sich selbst als nächstem Opfer ab, indem er

Poole, Velvet und Machine mitteilt, dass Longdale eine Million US-Dollar von Mr. Christian für den Dreh des Snuff-Videos erhalten hat. Da Longdale für die Dreharbeiten nur einen Bruchteil des Budgets an Poole, Velvet und Machine gezahlt und den Großteil in die eigene Tasche gesteckt hat, wird er von den Übervorteilten zur Rede gestellt. Longdale zieht eine Pistole und versucht zu fliehen. Dino Velvet schafft es jedoch, ihm mit seiner Armbrust in die Brust zu schießen. Gleichzeitig schießt Longdale auf Velvet und trifft diesen am Hals, wodurch er ihn tödlich verletzt. Beide sterben, Welles kann sich befreien, verletzt Machine mit einem Messer schwer am Bauch und muss vor Poole flüchten.

Als Welles seiner Auftraggeberin Mrs. Christian von seinen Erkenntnissen berichtet, begeht diese Selbstmord. Von einem Butler erhält Welles zwei Kuverts voller Geld. Einer der Umschläge ist für ihn bestimmt, der andere für die Mutter des getöteten Mädchens.

Welles beschließt nun, diese Geschichte zu beenden. Er findet und überwältigt Eddie Poole, als dieser fliehen will. Der Privatdetektiv zwingt Poole, ihm den Ort, an dem das Mädchen ermordet wurde, zu zeigen. Als die beiden am Schauplatz des Mordes, einer verfallenen Hütte auf einem Hügel außerhalb der Stadt, angekommen sind, schildert Poole, was sich in jener Nacht zugetragen hat. Er wird von Welles daraufhin niedergeschlagen. Welles fesselt Poole und droht, ihn zu töten. Welles bringt aber nicht den Mut auf, Poole zu erschießen und lässt Poole daher allein gefesselt in der Hütte zurück. Er ruft die Mutter des ermordeten Mädchens an und teilt ihr die schreckliche Wahrheit mit. Dann bittet er sie förmlich um Erlaubnis, sich an den Mördern rächen zu dürfen. Er stürmt zurück in die Hütte und schlägt wiederholt mit seiner Pistole auf Poole ein. Während dieser stirbt, wirft er die Porno-Videos auf Eddie und lässt ihn mitsamt den Kassetten in Flammen aufgehen.

Indem Welles die Notaufnahme der umliegenden Krankenhäuser abtelefoniert und sich nach in den vergangenen Tagen behandelten Bauchverletzungen erkundigt, findet er heraus, wo Machine wohnt und wie sein tatsächlicher Name lautet. Er fährt zum Haus und stellt fest, dass Machine noch bei seiner Mutter wohnt. Als die Mutter zur Kirche fährt, bereitet er sich auf eine letzte Aktion vor. Mit einer Pistole bewaffnet schleicht er sich in das Haus, wo er von Machine entdeckt und überrascht wird. Im darauffolgenden Handgemenge stürzen beide aus dem Fenster des ersten Stocks in den Garten, wo Machine zunächst Welles überwältigen kann, ihm dann aber unterliegt. Mit vorgehaltener Waffe zwingt Welles seinen Kontrahenten, seine Maske abzunehmen. Er erkennt, dass dieser ein „vollkommen normaler" Mensch ist und dass es „kein Geheimnis hinter diesen Dingen" gibt. Machine wirft ein Messer nach dem überraschten Welles, doch dieser ersticht den demaskierten Angreifer im Zweikampf.

Damit hat Welles seinen selbst gewählten Auftrag ausgeführt. Er ist nun wieder für seine Familie da, bleibt allerdings weiterhin als Privatermittler tätig. Eines Tages erhält Welles einen Brief von der Mutter des ermordeten Mädchens, die ihm für seine Arbeit dankt und er kann mit dem Fall endgültig abschließen.

Hintergrund

Der Film wurde an verschiedenen Drehorten in New York, Florida, Pennsylvania und Kalifornien gedreht. Eine Szene des Films entstand auf dem Landsitz Old Westbury Gardens auf Long Island im US-Bundesstaat New York. Die Dreharbeiten begannen am 3. Februar 1998 und endeten am 15. Mai 1998. Das Budget des Films wird auf 40 Millionen US-Dollar geschätzt. Am 19. Februar 1999 feierte der Film seine Weltpremiere bei der Berlinale. In den USA war der Film ab dem 26. Februar 1999 zu sehen. In den Schweizer Kinos lief der Film ab dem 10. März 1999 und in Deutschland wurde er erstmalig am 1. April 1999 gezeigt. Am Eröffnungswochenende spielte der Film in den USA über 14,2 Millionen US-Dollar ein, insgesamt beliefen sich die Einnahmen in den USA auf fast 36,3 Millionen US-Dollar. An den deutschen Kinokassen wurden 787.000 Besucher gezählt.

Andrew Kevin Walker, der auch das Drehbuch zu *Sieben* geschrieben hat, beleuchtet in *8mm* die verfallene Welt hinter der Fassade des Normalen, in der die gesellschaftliche Randzone ums Überleben kämpft. Anders als in thematisch verwandten Filmen werden in *8mm* die Täter, wie der Snuff-Regisseur Dino Velvet, in den Vordergrund gerückt. Zusätzlich zum von James Gandolfini gespielten Produzenten Eddie Poole, der eher eine typische Rotlicht-Gestalt verkörpert, tritt der stille Killer „Machine" auf. Letzterer treibt die Spannung zum Höhepunkt, als er von Detektiv Welles gezwungen wird, seine Maske abzunehmen. Welles ist völlig verstört, als er erkennt, dass sich hinter „Machine" auch nur ein normaler, „unschuldig" aussehender Mensch verbirgt, der zudem noch mit seiner alten Mutter in einem Haus lebt und tagsüber ein ganz gewöhnliches Leben führt. In einem Wutanfall macht sich Welles schließlich selbst schuldig, als er den Mörder des gefolterten Mädchens tötet.

Die Produktion wurde in der Vergangenheit wiederholt als sadophob kritisiert, da sie die Themenbereiche BDSM, Sexuellen Missbrauch und Snuff-Filme in einen direkten inhaltlichen Zusammenhang stellt. In den USA kam es zu öffentlichen Demonstrationen von BDSM-Aktivisten gegen den Film.

Der Film greift das Thema „böse Menschen - böse Musik" auf. In *Machines* „Jugendzimmer" hängen *Danzig*-Poster. Wahrscheinlich wollten die Ausstatter des Films das Zimmer einfach nur „böse" einrichten, denn die gezeigten Poster waren zum Zeitpunkt der Dreharbeiten bereits etwa 10 Jahre alt. Zudem läuft während der Szene in *Machines* Haus das Lied *Come to Daddy* von Aphex Twin, das die düstere Stimmung noch untermalt. Der Musiktitel ist weiterhin in einem der gezeigten Pornofilme zu hören, das Musikvideo ist auf einem kleinen Fernseher in Dino Velvets Büro zu sehen.

Mark Wahlberg lehnte die Rolle des

Max California ab. Ursprünglich sollte David Fincher die Regie des Films übernehmen. Der Regisseur Joel Schumacher entschied sich dafür, der Stripperin Jenny Powell, die als Double engagiert wurde, die Rolle der Mary Ann Mathews in dem 8mm-Snuff-Film zu geben.

Das von Andrew Kevin Walker verfasste Drehbuch wurde von Joel Schumacher und Nicholas Kazan überarbeitet, nachdem Walker das Projekt aufgrund von Diskrepanzen mit dem Regisseur verließ. Grund hierfür war, das Walker nicht die Meinung des Studios teilte, die dunkle Grundstimmung des Films müsse weiter aufgeweicht werden. Mit den eigenmächtigen Änderungen Schumachers an seinem Skript war Walker jedoch nicht einverstanden und zog die Konsequenzen.

Die Handlung des Films weist deutliche Parallelen zu dem 1979 veröffentlichten US-amerikanischen Filmdrama *Hardcore* von Paul Schrader, in dem ein Privatdetektiv engagiert wird, um eine weggelaufene Tochter zu suchen und schließlich einen 8mm-Film mit pornografischen Aufnahmen der jungen Frau findet. Ebenso enthält die Handlung des Films Gemeinsamkeiten mit dem 2002 erschienenen Buch *The Cutting Room* von Louise Welsh, in welchem ein Immobilienauktionär in einer Pornosammlung eines Kunden erschütternde Bilder findet und daraufhin beschließt zu ergründen, ob das abgelichtete Mädchen tatsächlich getötet wurde.

Der Oscar, den Nicolas Cage für seine Darstellung in *Leaving Las Vegas* erhielt, ist in der Szene, in der Tom Welles in das Büro von Dino Velvet einbricht, um dessen Telefon mit einem Abhörgerät auszustatten, mit schwarzen Schnüren im Bondage-Stil umwickelt zu sehen.

Kritik

Entsetzt äußerte sich das Lexikon des Internationalen Films: „Ein abstoßender und bigotter Film, der sich das Geschäft mit der Lust für einige pittoresk-voyeuristische Einblicke zunutze macht, am Ende aber eine Selbstjustiz propagiert, die die kriminellen Auswüchse der Pornografie zu beseitigen hat. Dem Drehbuch geht allzu schnell die Spannung aus, die Hauptrolle bleibt durchweg unzugänglich und in ihrer abschließenden Motivation unverständlich."

Auszeichnungen

Joel Schumacher wurde 1999 bei der Berlinale für einen Goldenen Bären nominiert. Bei den Golden Trailer Awards wurde der Film mit dem „Golden Fleece" und dem „Golden Trailer" ausgezeichnet.

Andere Produktionen

2006 erschien eine scheinbare Fortsetzung mit dem Titel *8mm 2 – Hölle aus Samt*. Dieser Film hat allerdings, abgesehen vom Titel, mit dem Vorläufer-Film nichts zu tun.

Die Band SITD brachte ein Lied namens „Snuff Machinery" heraus, dieses enthält Zitate aus dem Film. Die Verwendung des Liedes in der Herr der Ringe-Parodie „Lord of the Weed" verhalf unter anderem dem Filmzitat „Wenn du dich mit dem Teufel einlässt, verändert sich nicht der Teufel. Der Teufel verändert dich!" zu großer Berühmtheit.

Von „http://de.wikipedia.org/wiki/8mm_%E2%80%93_Acht_Millimeter"

9½ Wochen

9½ **Wochen** ist ein Film aus dem Jahre 1986 mit Mickey Rourke und Kim Basinger. Der Regisseur ist Adrian Lyne. Er basiert auf dem Buch „9 1/2 Wochen. Erinnerungen an eine Liebesaffäre" von Elizabeth McNeill.

Handlung

Der Börsenmakler John (Mickey Rourke) lernt zufällig die Kunstgaleristin Elizabeth (Kim Basinger) kennen. Die beiden lassen sich auf eine sexuelle Beziehung ein, in der sie immer neue, anregendere Spielarten bis hin zu solchen mit sadomasochistischer Natur bemühen.

Als Elizabeth auf Wunsch und Anregung von John mit verbundenen Augen von einer Prostituierten verwöhnt werden soll, empfindet sie das als über ihre Grenzen gehend. Nach etwas mehr als 9 Wochen verlässt sie ihren Liebhaber.

Kritiken

Der Journalist Roger Ebert vergleicht in einem seiner Artikel *9 1/2 Wochen* mit *Der letzte Tango in Paris*. Ebert erwähnt die erotische Anspannung zwischen Kim Basinger und Mickey Rourke und lobt die Chemie zwischen den Hauptdarstellern. Die Handlung würde sich an der Grenze zu Lächerlichkeit befinden, lediglich die Darsteller würden in ihren Rollen überzeugen.

Auszeichnungen

Der Film wurde im Jahr 1986 in drei Kategorien für den Negativpreis Goldene Himbeere nominiert: Für Kim Basinger, für den Song *I Do What I Do* und für das Drehbuch.

Rezeption

Bekannt ist der Film neben seinem erotischen Inhalt auch für seine asiatisch inspirierte Mode. So öffnet John einen Wandschrank, der eine Vielzahl identischer Hemden des Designerhauses Comme des Garçons enthält. Neben diesem Product Placement machte der Film auch erneut die von Joe Cocker gesungene Version des Randy-Newman-Songs *You Can Leave Your Hat On* bekannt.

Der Film wurde im Jahr 1997 mit *9½ Wochen in Paris* fortgesetzt. Das Musikvideo zur Coverversion des Marvin-Gaye-Songs *Sexual Healing* von Sarah Connor und Ne-Yo wurde vom Film inspiriert.

Die Idee der im Film enthaltenen Liebesszene mit Lebensmitteln wurde in der Komödie *Hot Shots!* in etwas veränderter Form nochmals aufgegriffen.

Von „http://de.wikipedia.org/wiki/9%C2%BD_Wochen"

A Woman of the World

A Woman of the World ist ein US-amerikanischer Spielfilm des Regisseurs Malcolm St. Clair aus dem Jahr 1925. Der in Schwarzweiß gedrehte Stummfilm basiert auf dem Roman *The Tattooed Countess* von Carl van Vechten und gilt als der erste Spielfilm der Geschichte, in dem einem breiten Publikum sadomasochistische Motive gezeigt wurden.

Handlung

Die Gräfin Elnora Natatorini flieht aus Europa zu ihrem Cousin Sam Poore in das kleine Städtchen Maple Valley im Mittleren Westen der USA, nachdem ihre letzte Liebesaffäre durch die Untreue ihres Geliebten zerbrach. Die auf ihrem Unterarm tätowierte Gräfin raucht und trinkt in der Öffentlichkeit, ein zu dieser Zeit unerhörtes Verhalten.

Schon bald hinterlässt sie ein breite Spur der Verwüstung im Leben der ausgesprochen prüden Kleinstadtbewohner. Sie beginnt regelmäßig Partys zu veranstalten, auf denen die Dorfbewohner gegen einen Eintritt in Höhe von wenigen Cents die Möglichkeit erhalten, einer echten Gräfin zu begegnen. Da sich sowohl der sittenstrenge Bezirksstaatsanwalt Richard Granger als auch der junge Gareth Johns um sie bemühen, verkompliziert sich die Lage.

Granger will die Gräfin aus dem Dorf jagen, als er den Eindruck gewinnt, dass sie dem jüngeren Konkurrenten den Vorzug gibt. Erst als die Gräfin dem Rat einer langjährigen Bewohnerin des Städtchens folgt und Granger die Bekanntschaft mit einer Peitsche machen lässt, kann sie diesen davon überzeugen, dass er ihr Favorit ist. Beide heiraten schließlich.

Von „http://de.wikipedia.org/wiki/A_Woman_of_the_World"

Belle de Jour – Schöne des Tages

Belle de jour – Schöne des Tages ist ein französischer Spielfilm des spanischen Regisseurs Luis Buñuel aus dem Jahr 1967. In der Hauptrolle agiert die französische Schauspielerin Catherine Deneuve. Der Film basiert auf dem gleichnamigen Roman des französischen Schriftstellers Joseph Kessel aus dem Jahr 1928.

Handlung

Séverine Sérizy ist eine junge schöne Pariser Bürgersfrau, die mit dem Arzt Pierre verheiratet ist. Séverine liebt ihren Mann, jedoch ist es ihr nicht möglich, physisch intim mit ihm zu werden. Stattdessen gibt sie sich erotischen Tagträumen hin, in denen BDSM und insbesondere Bondage und Demütigung eine entscheidende Rolle spielen. Da sie ihre Träume nicht mit ihrem Mann umsetzen kann, beginnt sie, nachmittags im Etablissement von Madame Anaïs unter dem Namen *Belle de jour* (deutsch: *Schöne des Tages*) zu arbeiten und abends zu ihrem Mann zurückzukehren. Diesem verschweigt sie ihr Doppelleben.

Einer ihrer Kunden – der junge Kriminelle Marcel – verliebt sich in sie. Erste Schwierigkeiten zeichnen sich ab, als Pierre sie für einige Tage aus der Stadt zu einem Urlaub am Meer mitnimmt und sie daher nicht im Bordell erscheint. Der von ihr geradezu besessene Marcel macht ihr bei ihrer Rückkehr eine gewalttätige Szene.

Als Séverine von Henri, einem Freund ihres Mannes, in dem Etablissement entdeckt wird, kommt es zu einem Dialog, der verdeutlicht, dass ihr ihre geheime Tätigkeit eine Erfüllung gibt, die sie in ihrer Ehe nicht finden kann. Nach der Ankündigung Henris, ihr gemeinsame männliche Bekannte zukünftig als Freier zu schicken, gibt sie ihre Tätigkeit aus Angst auf.

Aufgrund des wiederholten Verschwindens Séverines erfährt Marcel im Rahmen seiner Nachforschungen deren Adresse und wahre Identität. Überraschend stellt er sie in ihrer Wohnung zur Rede und schießt im Anschluss vor dem Haus ihren Mann nieder, da dieser aus seiner Sicht zwischen ihnen steht. Marcel wird auf der anschließenden Flucht von einem Polizisten erschossen. Pierre überlebt als Behinderter im Rollstuhl.

Nach einiger Zeit besucht Henri das Paar, das sich inzwischen mit der Invalidität eingerichtet hat, zu Hause. Er kündigt Séverine unter vier Augen an, Pierre über ihr Geheimnis aufzuklären. Sie lässt danach die beiden Männer im Salon allein. Was dort geschieht, bleibt unklar, allerdings fließen Pierre Tränen über die Wangen als Séverine zurückkommt.

Die sich unmittelbar anschließende Schlussszene zeigt das Paar allein im Salon, als Pierre plötzlich gesund aus dem Rollstuhl aufsteht. Es ist für den Zuschauer in dieser Szene offensichtlich, dass es sich lediglich um einen erneuten Tagtraum Séverines handelt.

Die Handlung wird gelegentlich von Séverines Tagträumen unterbrochen, die ihre Situation auf einer surrealen Traumebene reflektieren.

Anmerkungen

- Die Kostüme kreierte der erfolgreiche Modeschöpfer Yves Saint Laurent.
- In der Vergewaltigungsszene wurde Séverines Kleid mit einem Klettband ausgestattet, um einen heftig zerreißenden Ton zu erzeugen, während es weggerissen wird.
- In den meisten mit Untertiteln versehenen Versionen des Filmes (also nicht in der französischen Originalfassung) wird ein kursiver Schriftzug benutzt, um dem Publikum zu helfen, die Phantasien Séverines von der Wirklichkeit zu unterscheiden.
- Die Szene, in deren Verlauf Séverine auf Wunsch des Freiers in einem Sarg liegt, wurde von der Zensur gekürzt. Im weiteren Verlauf wurde ursprünglich eine Schwarze Messe abgehalten.

- Laut Luis Buñuels Stipendiatin Julie Jones war dem Regisseur selbst nicht klar, was das Ende des Films wirklich bedeutet.
- Luis Buñuel hat einen kurzen Cameo-Auftritt. Als der Graf aus seiner Kutsche steigt, sitzt Buñuel als einer der Gäste vor dem Café.
- Das Kästchen, das ein japanischer Freier mitbringt und aus dem ein Summen ertönt, ist ein Mc Guffin, d.h. jeder Zuschauer soll sich selbst ausmalen, was darin ist und wie es als Aphrodisiakum funktioniert. Die Assoziation einer Spanischen Fliege ist nicht fernliegend. Severine scheint die Anwendung, die nicht gezeigt wird, nicht missfallen zu haben.

Auszeichnungen
- Britischer Filmpreis 1969
  - nominiert für Beste Hauptdarstellerin (Catherine Deneuve)
- Bodil 1968
  - Bester europäischer Film
- Internationale Filmfestspiele von Venedig 1967
  - Bester Film
  - Pasinetti-Preis - Bester Film
- Französisches Syndikat der Filmkritiker 1968
  - Bester Film (zusammen mit *Mouchette* von Robert Bresson)

Kritiken
- *„Hochartifizielles Gebilde von übergangslos vermischten Elementen aus Realität und Vorstellung, dessen traumatische Dimension mit surrealen Bildmomenten verstärkt wird. Ein weiterer Versuch Buñuels über den pathologischen Befund von bürgerlicher Gesellschaft, Liebe und Ehe."* - „Lexikon des internationalen Films" (CD-ROM-Ausgabe), Systhema, München 1997

Sonstiges
- Als Hommage an Buñuel und seinen Koautor Jean-Claude Carrière erschien im Jahr 2006 der Film Belle Toujours des Regisseurs Manoel de Oliveira. Wie in *Belle de jour* spielt hierin Piccoli *Henri Husson*, der nach 38 Jahren Séverine (Bulle Ogier) während eines Konzerts wiedertrifft.
- Als „Belle de jour" wird auf französisch auch eine tagsüber arbeitende Prostituierte (als Gegensatz zur „Belle de nuit") bezeichnet.
- Die im Mittelmeerraum häufig an Wegrändern vorkommende dreifarbige Winde heißt in Südfrankreich ebenfalls „Belle de jour". Die Trichterblüte verblüht jeweils nach einem Tag vollständig.

Literatur
- Joseph Kessel: *Belle de Jour – Schöne des Tages. Roman* (Originaltitel: *Belle de jour*). Mit Essays von Fritz Göttler und Hans Schmid. Belleville, München 2004, 288 S., ISBN 3-923646-36-4
- Joseph Kessel: *Belle de Jour*. Gallimard 1972, ISBN 2-07-036125-X (frz. Ausgabe)
- Michael Wood: *Belle de Jour*. BFI British Film Institute Publishing, 2000, ISBN 0-85170-823-4 *(englische Filmanalyse)*

Von „http://de.wikipedia.org/wiki/Belle_de_Jour_%E2%80%93_Sch%C3%B6ne_des_Tages"

Beyond Vanilla

Beyond Vanilla ist ein Dokumentarfilm des schwedischen Regisseurs Claes Lilja aus dem Jahr 2001. Die Produktion dokumentiert sexuelle Realitäten jenseits des Vanillasex.

Inhalt
Der Film basiert auf Interviews mit über 60 Gesprächspartnern, die unterschiedlichsten sexuellen Verhaltensweisen und Lebensentwürfen folgen. Lilja interviewt so unterschiedliche Gesprächspartner wie Pornostars, Ärzte, Verleger und Prostituierte. Neben Heteros, Schwulen, Lesben und Bisexuellen kommen Tops, Bottoms, Dominas, Transgender und verschiedene bekannte Aktivisten zu Wort. Die Produktion beschreibt weiterhin so unterschiedliche Praktiken wie Bondage, Fisting, Spanking, Urophilie und viele andere.

Von „http://de.wikipedia.org/wiki/Beyond_Vanilla"

Bitter Moon

Bitter Moon ist ein britisch-französischer Spielfilm aus dem Jahr 1992. Der Film basiert auf dem Roman *Bitter moon* (Originaltitel: *Lunes de fiel*) von Pascal Bruckner und wurde für seine Darstellung sadomasochistischer Fantasien stark kritisiert.

Handlung
Fiona und Nigel unternehmen eine Reise auf einem Kreuzfahrtschiff im Mittelmeer. Dort lernt Nigel den querschnittsgelähmten Amerikaner Oscar kennen, der ihm die Geschichte seiner Beziehung mit der Französin Mimi erzählt. Rückblenden, die den überwiegenden Teil des Filmes ausmachen, zeigen wie die anfänglich leidenschaftliche Liebesbeziehung für ihn zunehmend langweilig und allmählich zur Belastung wird. Schließlich spielt er Mimi eine gemeinsame Reise vor, verlässt jedoch das Flugzeug heimlich vor dem Start. In Paris wendet er sich wieder flüchtigen Affären zu, bis er bei einem Verkehrsunfall verletzt wird. Mimi besucht ihn daraufhin im Krankenhaus und stürzt den mit einem gebrochenen Bein fixierten Oscar aus dem Bett, woraufhin dieser von der Hüfte abwärts gelähmt ist. Er ist nun ganz auf ihre Hilfe angewiesen und sie beginnt, zunächst unterschwellig, sich an ihm zu rächen.

Zwischen beiden entwickelt sich ein Machtkampf, wobei die Macht-Ohnmacht-Spiele einige Tabugrenzen überschreiten, bis hin zum Liebesakt Mimis mit einem Liebhaber in der Hörweite Oscars.

Das englische Ehepaar ist zunächst nur Zuschauer, wird aber zunehmend einbezogen. Schließlich verbringt Mimi eine Liebesnacht mit Fiona, woraufhin Oscar Mimi und sich selbst mit einer Pistole, die sie ihm früher einmal zum Geburtstag geschenkt hat, erschießt.

Kritiken

"Polanski directs it without compromise or apology, and it's a funny thing how critics may condescend to it, but while they're watching it you could hear a pin drop."

„Polanskis Regie ist ohne Kompromiss oder Rechtfertigung, und es ist schon seltsam zu sehen, wie herablassend einige Kritiker den Film behandeln, doch konnte man eine Stecknadel fallen hören, während sie den Film sahen."

– Roger Ebert: Chicago Sun Times

Bemerkungen

- Für den Part des *Oscar* war ursprünglich James Woods vorgesehen.
- Emmanuelle Seigner ist seit 1989 die Ehefrau von Roman Polanski.

Literatur

- Pascal Bruckner: *Bitter moon. Roman* (Originaltitel: *Lunes de fiel*). Deutsch von Angelika Weidmann. Aufbau-Taschenbuch-Verlag, Berlin 2003, 272 S., ISBN 3-7466-1935-1

Von „http://de.wikipedia.org/wiki/Bitter_Moon"

Der Nachtportier

Der Nachtportier (Originaltitel: *Il portiere di notte*) ist ein umstrittener italienischer Spielfilm der Regisseurin Liliana Cavani aus dem Jahr 1974. Der Film schildert die sadomasochistische Beziehung einer Überlebenden der Konzentrationslager mit ihrem ehemaligen SS-Peiniger. Der Film machte die Hauptdarstellerin Charlotte Rampling international bekannt.

Handlung

13 Jahre nach dem Ende des Zweiten Weltkriegs arbeitet der ehemalige SS-Offizier Maximilian Theo Aldorfer als Nachtportier in einem eleganten Wiener Hotel. Hier trifft er auf seine ehemalige Gefangene Lucia Atherton, die er im Konzentrationslager wiederholt gequält hatte. Zwischen beiden entwickelt sich eine sadomasochistische Beziehung.

Max arbeitet, um die Scham über seine Vergangenheit zu verdecken, hingebungsvoll als Nachtportier. Seine Leidenschaft gilt der Erfüllung der Wünsche seiner Gäste. Zu diesen zählt unter anderem eine Gräfin, der er junge Männer als Sexualpartner zur Verfügung stellt. Viele der anderen Gäste sind ehemalige Kriegsverbrecher, die in dem Hotel regelmäßig geheime Treffen abhalten, in denen sie Prozesse inszenieren, um so ihre Schuldgefühle zu überwinden. Auch Max bereitet sich auf seinen Prozess vor. Die Gruppe recherchiert nach belastenden Archivbeweisen und Zeugen, die sie zu vernichten sucht.

In diese durch Nazinostalgie übersättigte Atmosphäre tritt mit Lucia die einzige Überlebende, die gegen Max aussagen kann, eine junge Insassin des Wiener Lagers, die nun mit einem US-amerikanischen Dirigenten verheiratet ist. Max hatte sie im Lager wiederholt sexuell missbraucht und kann sich auch jetzt dem Sog der quälerischen Beziehung nicht entziehen. Beide werden unkontrollierbar zueinander hingezogen, während sich die ehemaligen Kameraden von Max, Klaus und Hans, zwei noch immer fanatische und blutdürstige Nazis, der Gefahr bewusst werden, die Lucia für sie darstellt. Max weigert sich, Lucia aufzugeben, und beide enden ausweglos in einer dunklen Wohnung. Sie sterben so, wie sie sich kennenlernten: Max in einer SS-Uniform, Lucia in der Kleidung eines jungen Mädchens.

Kritiken

- „... so anstößig wie schmierig, ein verabscheuungswürdiger Versuch, uns durch die Ausschlachtung der Erinnerung an Verfolgung und Leiden angenehm zu erregen." – Roger Ebert für die Chicago Sun-Times
- „Dieser Film stellte den Prototyp einer ganzen Welle teils reißerischer, oft an der Grenze zur Pornographie rangierender Exploitationfilme [dar], die die genoziden Verbrechen des Dritten Reiches als Hintergrund für meist triviale Erotikdramen benutzten." –ikonenmagazin
- „Cavani zeigt anschaulich den Horror der Lager in ein paar grausigen Sequenzen und ist gleichermaßen in der Lage, Schrecken in ruhigeren Szenen zu vermitteln ... Noch beunruhigender im Kontext des Films sind die geschickt eingefangenen Momente von Zärtlichkeit und friedvoller Liebe. ... es steckt Wahrheit in [des Films] düsterer Erforschung der menschlichen Natur. Er argumentiert, dass die Zerstörung der Konzentrationslager nicht das Ende des Wahnsinns und der Grausamkeit dieser Zeit bedeutete und ganz sicher nicht die Narben der Opfer geheilt hat. So gesehen, ist der "Nachtportier" eine intensive Erinnerung an unangenehme, aber unvermeidliche Wahrheiten." – Channel 4

Hintergründe

Der Film setzt das Stilmittel geringer Farbsättigung ein, um Assoziationen an den Holocaust und die Stimmung im Wien der Nachkriegszeit hervorzurufen. Die Dreharbeiten fanden in Rom und Wien statt.

Als der Film im Sommer 1974 erschien, erklärte die Staatsanwaltschaft den Film für unmoralisch. Die Kopien wurden beschlagnahmt, der Film von der Zensur verboten. Die italienische

Filmindustrie organisierte daraufhin einen eintägigen Streik. Mehrere Regisseure, darunter Luchino Visconti, setzten sich für die Freigabe des Films ein. In einem Gerichtsverfahren wurde er schließlich zum Kunstwerk erklärt und ohne Schnitte freigegeben.

Literatur

- Marcus Stiglegger: *Sadiconazista. Faschismus und Sexualität im Film*, Gardez!, 2. Aufl. 2000, ISBN 3-89796-009-5

Von „http://de.wikipedia.org/wiki/Der_Nachtportier"

Der Wolf hetzt die Meute

Der Wolf hetzt die Meute ist ein Thriller von Richard Tuggle, produziert 1984 in den USA.

Handlung

Der Polizeiermittler Wes Block arbeitet in New Orleans. Er hat zwei Töchter, die er alleine erzieht. Der geschiedene Mann verbringt viel Zeit mit Prostituierten, bei denen es zu sadomasochistischen Praktiken kommt.

Block sucht einen Serienkiller, der Prostituierte tötet. Der Mörder hinterlässt keine brauchbaren Spuren. Eine der Frauen wird kurz nach dem Besuch von Block getötet. Einige Indizien deuten sogar auf Block als Täter hin.

Der Ermittler lernt die Feministin und Polizistin des Sittendezernats Beryl Thibodeaux kennen, die in einem Frauenzentrum den Frauen beibringt, wie sie sich gegen Angriffe wehren können. Sie verspricht Block, sich für ihn bei dem schnelle Ermittlungserfolge erwartenden Bürgermeister einzusetzen, den sie persönlich kennt.

Die Bekanntschaft von Block und Thibodeaux wird zu einer Freundschaft, dann zu einer Beziehung. Währenddessen führen die Glassplitter am einen der Tatorte in eine Brauerei. Dort ist Leander Rolfe beschäftigt, ein ehemaliger Polizist, den Block 11 Jahre zuvor wegen Vergewaltigung verhaftete.

Rolfe überfällt das Haus von Block und tötet die Haushälterin. Er fesselt seine Tochter Amanda, Block kann den Mörder rechtzeitig verscheuchen. Er macht sich Vorwürfe, dass er den Schritt des Mörders nicht rechtzeitig vorhersehen konnte. Thibodeaux tröstet ihn.

Block und sein Kollege Molinari bewachen die Wohnung von Rolfe. Im Haus von Block passen Thibodeaux und ein uniformierter Polizist auf die Mädchen auf, draußen warten zwei weitere Polizisten. Als einer davon getötet und per Funk unerreichbar wird, schöpft Block Verdacht. Er eilt zu seinem Haus, während Rolfe zwei weitere Polizisten tötet. Der Mörder greift Thibodeaux an, Block kommt ihr rechtzeitig zur Hilfe. Rolfe flieht, Block verfolgt ihn zum einen Rangierbahnhof. Dort kommt es zum Nahkampf, bei dem Rolfe von einem Zug überfahren wird.

Kritiken

Roger Ebert verglich den Thriller in der Chicago Sun-Times mit den „großen Polizeifilmen" der 1940er Jahre. Der Film beinhalte jedoch – wie die anderen zeitgenössischen Polizeithriller – Gewalt, vereinfachte Psychologie und stereotype Charaktere. Besonders gelungen seien die Szenen, in denen Block mit den Frauen spricht; vor allem die Szenen mit Eastwood und Bujold.

Auszeichnungen

Alison Eastwood wurde im Jahr 1985 für den Young Artist Award nominiert.

Wirtschaftlicher Erfolg

Der bis zum März 1984 an den Schauplätzen in New Orleans gedrehte Actionthriller wurde am 16. August 1984 auf dem Montreal World Film Festival gezeigt. Er brachte den Produzenten an den Kinokassen 48,1 Millionen Dollar. Im Videogeschäft wurden in den USA weitere 22,5 Millionen Dollar erwirtschaftet.

Von „http://de.wikipedia.org/wiki/Der_Wolf_hetzt_die_Meute"

Devot (Film)

Devot ist ein deutscher Psychothriller aus dem Jahr 2003 von Regisseur Igor Zaritzki.

Nachdem Henry in einer regnerischen Nacht die junge Prostituierte Anja auf einer Brücke bei einem Selbstmordversuch entdeckt, nimmt er sie mit zu sich nach Hause. Als sie ihn bestehlen und fliehen will, nimmt er sie gefangen und fesselt sie auf einem Stuhl. Er deponiert Drogen in ihrer Handtasche und droht ihr, die Polizei anzurufen, wenn sie ihm keine spannende Geschichte erzähle.

Schnell kommen ihm Zweifel an Anjas Identität. Im Verlauf der Nacht geraten beide in das Spiel der Obsessionen einer BDSM-Session und der Auseinandersetzung mit ihren Masken. Die Atmosphäre und die Diskussion zwischen den beiden tragen den Film. Die Spannung zwischen den beiden Akteuren steigert sich ständig, bis das klassische Kammerspiel schließlich explodiert.

Produktion und Veröffentlichung

Bis auf eine kleine Nebenrolle, gespielt von Tomek Piotrowski, spielt sich der Film nur zwischen Anja und Henry ab. Hauptschauplatz des Films ist eine aufwändig ausgestattete Fabriketage: hohe Räume, dunkle, geheimnisvolle Ebenen, ein glitzerndes Wasserbecken, gesäumt von mannshohen Stahlskulpturen. Der Film wurde in überwiegend in einem alten Fabrikgebäude in Halle an der Saale und in Leipzig auf 35 mm gedreht, am Avid geschnitten und mit einer Dolby SR-Kino-Mischung versehen. Annett Renneberg ließ sich für den Film ihre Haare abschneiden und blondieren.

Er wurde 2003 im Rahmen der Panorama-Reihe der 53. Internationalen Filmfestspiele Berlin uraufgeführt.

Rezeption

Der Tagesspiegel bezeichnete ihn als „9 1/2 Wochen für Anspruchsvolle". Das Thema BDSM wird in den Film zum Rahmen einer psychischen Erkundung zweier Charaktere: sie devot, er dominant. Der Gesang des Titelsongs stammt von Franziska Melzer.

Das Lexikon des Internationalen Films meint: „Der handwerklich präzise gearbeitete Film profitiert von seiner starken Hauptdarstellerin, während die Handlung weniger zu überzeugen vermag und die banale Auflösung sogar enttäuscht."

Von „http://de.wikipedia.org/wiki/Devot_(Film)"

Die 120 Tage von Sodom (Film)

Die 120 Tage von Sodom ist ein Spielfilm des italienischen Regisseurs Pier Paolo Pasolini aus dem Jahr 1975. Der Film basiert auf dem Buch *Die 120 Tage von Sodom* des Marquis de Sade; es war Pasolinis letzter Film, bevor er im Erscheinungsjahr ermordet wurde.

In der Erzählstruktur lehnte sich Pasolini auch an Dantes *Inferno* an: Der Film ist in drei Segmente geteilt, die *Höllenkreise der Leidenschaft*, der *Scheiße* und des *Blutes*, von denen aus Parallelen zur *Vorhölle* der Göttlichen Komödie gezogen werden können.

Der Film gilt bis heute als eines der umstrittensten Werke der Filmgeschichte. Wegen seiner offenen Darstellung von Vergewaltigung, Folter und Mord wurde der Film in vielen Ländern verboten.

Personen

Fürst Blangis: Der Fürst trägt einen braunen Vollbart und wird von seinen Mitverschwörern stets mit "Euer Durchlaucht", einem den Trägern hoher Adelstitel vorbehaltenen Prädikat, angeredet. Er ist anscheinend hochgebildet, was an seinen vielen, oft in französischer Sprache vorgetragenen, literarischen und philosophischen Zitaten deutlich wird. Zudem ist er der Anführer der Viererbande. Dies ist daran zu erkennen, dass Blangis oftmals Impulse für gemeinsames Handeln setzt. Als zu Beginn des Films ein Mädchen vor Kummer zusammenbricht und er sich daraufhin erhebt, stehen seine drei Kumpane unverzüglich auch auf. In einer anderen Szene stimmt er ein Lied an, das sogleich von allen Anwesenden mitgesungen wird. Seine Dominanz beruht maßgeblich auf seiner Eloquenz. So hält Blangis eingangs eine Rede, in der er die Bedingungen des Geheimbundes definiert und festlegt, wer zu dessen Besiegelung wessen Tochter heiraten wird. Er hält auch die Rede zur Einweisung der gefangenen Jugendlichen und gibt das Wort erst ab, als es zur formalen Verlesung der Regeln kommt. Seine Eigenschaft als Anführer wird in einer Szene besonders deutlich, in der abgestimmt wird, welcher der Sexsklaven den schönsten Hintern habe. Sein Bruder und der Bischof schließen sich vorbehaltlos der Meinung des Fürsten an, während nur der Präsident eine abweichende Ansicht äußert.

Bischof: Der Bischof wird innerhalb des Verschwörerkreises mit „Exzellenz" angeredet und ist an seinem Schnauzbart und einer sich abzeichnenden Halbglatze zu erkennen. Er ist im Gegensatz zum Fürsten weniger ausdrucksstark und selbstsicher, was sich an seinem Hang zum Bürokratismus und zur Pedanterie zeigt. So verliest er, nachdem der Fürst eine freie Ansprache gehalten hat, den gefangenen Jünglingen und Mädchen das Regelwerk, welches nun ihr Leben bestimmen wird. Zudem ist er, als ehemaliger Richter eines Schwurgerichts, größtenteils für Führung und Eintragung von Verstößen in das besagte Regelbuch verantwortlich. Sein Pedantismus wird besonders deutlich, als er Signora Bacari bei einer Geschichte unterbricht und auf ihre Verpflichtung hinweist, ja kein Detail auszulassen, da sonst nicht der "nötige Lustgewinn" erzielt werden könne. Der Bischof ist zudem von ausgeprägtem sadistischen und jähzornigen Charakter. Er gibt einem Mädchen ein mit Reißnägeln gespicktes Brötchen zu essen und züchtigt einen Jungen mit 15 Peitschenhieben, als dieser nicht unverzüglich seinen Anordnungen nachkommt.

Präsident Durcet: Er hat leicht rötliches Haar, ist bartlos und trägt ebenfalls eine Halbglatze. Von seinen Mitkonspiranten wird er einfach "Präsident" genannt, was auf eine politische Tätigkeit hinweisen könnte. Als Einziger der vier Päderasten ist er ausschließlich homosexuell veranlagt. Trotzdem dringt er in keiner Szene des Films in einen der Lustknaben ein, was entweder auf ein zu kurzes Glied oder mangelnde Potenz schließen lässt. Meist trägt er ein verstörendes und leicht dümmlich wirkendes Lächeln zur Schau. Auffällig ist seine Vorliebe für schmutzige Witze, die er zu allen erdenklichen Anlässen zum Besten gibt.

Monsignore: Er ist der Bruder des Fürsten, bartlos, und pflegt im Gegensatz zu seinen Mitkonspiranten niemals offen Geschlechtsverkehr auszuüben, sondern zieht sich zu diesem Zweck stets, mit dem Objekt seiner Begierde, in abgetrennte Räume zurück. Dieses Verhalten wird nach der Zwangsheirat zweier Sexsklaven deutlich, wo er als einziger der Vier keine geschlechtliche Handlung an den frisch Vermählten vornimmt. Auch in der nachfolgenden Szene sitzt er alleine in einem separaten Raum, während sich sein Bruder mit dem Präsidenten und dem Bischof in einem Nebenraum unterhält. Dieses Verhalten kann möglicherweise auf eine ausgeprägte intrinsische Veranlagung hindeuten, die auch mit seiner verhältnismäßig niedrigen Sprechfrequenz korreliert.

Signora Vaccari: Sie hat hellblondes Haar und wurde in einem Internat geboren, in dem ihre Mutter als Dienstmädchen arbeitete. Laut Regelwerk der Viererbande ist es Vaccaris Aufgabe im Orgiensaal die "Sinne anregende und stimulierende" Geschichten aus ihrem Leben als Prostituierte zu erzählen. Den

Prozess ihrer Entjungferung im Alter von sieben Jahren mit einem 50 Jahre älteren Mann umschreibt sie folgendermaßen: "Der Penis des Professors begann daraufhin *blutige Tränen* zu weinen. Das war auch der Moment, wo der Professor des kleinen schönen Mädchens überdrüssig wurde, sein *Weihrauch* war ja inzwischen verbrannt." Diese höchst metaphorische und symbolhafte Umschreibung ihrer Entjungferung (*blutige Tränen*) und der Ejakulation des Professors (*Weihrauch*) zeigt, dass Signora Bacari über ein ausgeprägtes Gespür für den passenden Gebrauch lyrischer Sprachmittel verfügt, um eine Geschichte möglichst anregend zu gestalten. Als einer der Jungen den Bischof mit der Hand befriedigen soll, stellt sie entsetzt fest, der Junge könne nicht einmal richtig masturbieren. "Ein Skandal! Man muss es ihm schnellstens beibringen", setzt sie hinzu. Unter gewöhnlichen Umständen würde der offene Akt der Masturbation als anstößig empfunden und nicht etwa die mangelnde sexuelle Erfahrung eines Jugendlichen. An dieser Tatsache wird die Umkehrung allgemein anerkannter moralischer und sittlicher Werte, die im rechtsfreien Raum der Villa herrschen, deutlich.

Handlung

Der Film spielt in der „Italienischen Sozialrepublik", der sogenannten Republik von Salò, einem faschistischen Marionettenstaat im vom Deutschen Reich besetzten Norditalien. Vertreter des untergehenden Regimes, die als moralisch und sexuell verkommen beschrieben werden, halten adoleszente Männer und Frauen, die teilweise gewaltsam entführt wurden, mit Waffengewalt in einem Anwesen gefangen, um an ihnen hemmungslos ihre Triebe und Macht auszuleben. Die Behandlung der Gefangenen nimmt im Laufe der Zeit immer extremere Formen an, so bekommen sie Kot zu essen und werden wie Tiere an der Leine geführt. Am Ende werden sie von den Schergen der Faschisten für ihre während des Aufenthalts begangenen „Vergehen" brutal gefoltert und ermordet.

Zensur

In der Bundesrepublik Deutschland beantragte die Staatsanwaltschaft Saarbrücken die bundesweite Beschlagnahme des Films. Die zustimmende Entscheidung des Amtsgerichtes und deren Aufhebung durch das dortige Landgericht hatte jeweils bundesweite Folgen. Insgesamt 14 Amtsgerichte beschlagnahmten lokal den Film, gaben ihn später zum Teil aber wieder frei. Der FAZ-Feuilletonchef Karl Korn warf der FSK am 6. Februar 1976 in dem Artikel *Die Grenzen des Darstellbaren* Untätigkeit vor. Der 78-jährige Leiter der FSK Ernst Krüger verwahrte sich am 10. Februar in einem Leserbrief gegen diesen Vorwurf: Nicht nur hinsichtlich der Altersfreigabe, sondern auch „für die öffentliche Vorführung von Filmen von Erwachsenen sind in vielen Fällen Schnitte, u. a., oftmals sehr erheblichen Ausmaßes, obligatorische Voraussetzung." Diejenige Zensur oder Prüfeinrichtung sei „die beste, die und deren Einwirkung man nicht bemerke."

In der Schweiz wurde dem Zürcher Kino Xenix polizeilich untersagt, den Film am 11. Februar 2007 in der Sankt-Jakobs-Kirche in Zürich zu zeigen – dafür fand eine Podiumsdiskussion statt. Christliche Bürgerinitiativen aus Deutschland und Österreich haben eine Strafanzeige gegen die Programmverantwortlichen des Kinos eingereicht. Dieses Verbot wurde nach Gesprächen und Durchsicht ausländischer Gerichtsurteile wieder rückgängig gemacht. Die Polizei erklärte, den „künstlerischen Wert offenbar zu wenig gewürdigt" zu haben.

DVD-Veröffentlichung

Legend Films veröffentlichte den ungeschnittenen Film in seiner Kino-kontrovers-Reihe. Die DVD ist indiziert und unterliegt in Deutschland daher einem Werbeverbot, der auch das öffentliche Ausstellen verbietet. In Österreich und der Schweiz wird die DVD ohne Beschränkungen im Einzelhandel vertrieben.

Literatur

- Gary Indiana: *Salò or The 120 Days of Sodom*. British Film Institute, London 2000, ISBN 0-85170-807-2, (*BFI modern classics*).
- Markus Stiglegger: *Sadiconazista. Faschismus und Sexualität im Film*. 2. Auflage. Gardez! Verlag, St. Augustin 2000, ISBN 3-89796-009-5, (*Filmstudien* 10), (Zugleich: Mainz, Univ., Diss., 1999).
- Klaus Theweleit: *Deutschlandfilme. Godard – Hitchcock – Pasolini. Filmdenken und Gewalt*. Stroemfeld, Frankfurt am Main u. a. 2003, ISBN 3-87877-827-9.
- Jürgen Kniep: *„Keine Jugendfreigabe!". Filmzensur in Westdeutschland 1949–1990*. Wallstein Verlag, Göttingen 2010, ISBN 978-3-8353-0638-7, (*Moderne Zeit* 21).

Von „http://de.wikipedia.org/wiki/Die_120_Tage_von_Sodom_(Film)"

Die Früchte der Leidenschaft

Die Früchte der Leidenschaft ist ein französisch-japanischer Liebesfilm des Regisseurs Shūji Terayama aus dem Jahr 1981. Die Koproduktion basiert auf Motiven des sadomasochistischen Romans *Geschichte der O* von Dominique Aury und schildert die Geschichte einer weiblichen Unterwerfung mit Klaus Kinski in einer der beiden Hauptrollen. Der Film verlegt die Handlung in das Shanghai der 1920er Jahre und bedient sich zum Teil der Symbolsprache der Vorlage.

Handlung

Die junge, submissive *O* wird von ihrem älteren Freund Sir Stephen darum gebeten, als Beweis ihrer Liebe in einem Bordell in Shanghai zu arbeiten. Sie willigt ein. Im Rahmen ihres dortigen Aufenthaltes stellt sie sich Fremden zur Verfügung, während sie von Sir Stephen dabei beobachtet wird. Dieser lernt schließlich selbst eine Domina kennen. Als O einen jüngeren Fahrer kennenlernt, weckt dies Sir Stephens Eifersucht. Am Ende des Films sind beide erneut ein Paar. Der Film schildert in verschiedenen Rückblenden Erlebnisse Os und einiger der anderen Prostituierten.

Kritiken

""Die Früchte der Leidenschaft" ist deshalb sehenswert, weil er Bilder von unerklärlicher Schönheit, von faszinierendem Stil und surrealer Kraft erschafft. Und nicht weil uns die Charaktere berühren. Als Drama scheitert der Streifen, als Bilderorgie eines der ganz großen Symbolisten des Kinos dürfte es als Erfolg angesehen werden." Mitternachtskino

Hintergründe

Dem in weiten Teilen sehr surrealistisch umgesetzten Film war bei Publikum und Kritik kein Erfolg beschieden.
Von „http://de.wikipedia.org/wiki/Die_Fr%C3%BCchte_der_Leidenschaft"

Die Geschichte der O

Die Geschichte der O ist ein Liebesfilm des französischen Filmregisseurs und Modefotografen Just Jaeckin aus dem Jahr 1975. Der Film basiert auf dem sadomasochistischen Roman von Dominique Aury, *Geschichte der O*, und schildert die Geschichte einer freiwilligen weiblichen Unterwerfung.

Handlung

Die submissive *O* (Corinne Clery), eine erfolgreiche Pariser Modefotografin, wird von ihrem Freund *René* (Udo Kier) auf das abgeschiedene Schloss *Roissy* gebracht, wo sie sich aus Liebe zu ihm zu einer perfekten Sub ausbilden lässt.

Roissy ist ein Privatanwesen, in dessen gotischem Inneren sich viele submissive Frauen dem Willen der Männer unterwerfen. Während ihres Aufenthalts lernt O, eine gehorsame „Sklavin" zu sein, dennoch bleibt sie stets selbstbewusst und ist sich ihrer Macht über die Männer in ihrer Umgebung im Klaren. Nichts geschieht, ohne dass sie zuvor nach ihrem Einverständnis gefragt wird.

Nach dem Abschluss ihrer Ausbildung stimmt sie der Bitte Renés zu, als weiterer Liebesbeweis vorübergehend bei seinem väterlichen Freund Sir Stephen (Anthony Steel) zu wohnen und sich dessen Wünschen bedingungslos zu fügen. Sir Stephen erweist sich als noch dominanter als René, und O verliebt sich in ihn. Als finalen Beweis ihrer Liebe unterzieht sie sich einer weiteren Ausbildung, die damit endet, dass sie sich freiwillig Sir Stephens Zeichen einbrennen lässt.

Abweichend von der literarischen Vorlage endet der Film damit, dass O Sir Stephen, nur mit einer fantasievollen Federmaske bekleidet, auf einen exklusiven Ball begleitet.

Kritiken

- „Das optisch und akustisch geschleckte sado-masochistische Machwerk könnte als lächerlicher Kitsch abgetan werden, läge ihm nicht eine sexualfaschistische Haltung zugrunde, die der Frau Existenzberechtigung nur als Lustobjekt des Mannes zubilligt." Freiwillige Selbstkontrolle der Filmwirtschaft, 1975

- "Just Jaeckins Filme kommen in einer luxuriösen Glanzverpackung daher, die Kunst vorspiegelt, obwohl es sich bestenfalls um kitschiges Kunstgewerbe im „Vogue"- und „Playboy"-Look handelt." Filmdienst, 1975

- „Dieser kommerziell äußerst erfolgreiche Film… hält sich inhaltlich zwar nah an die literarische Vorlage, doch kann der Film niemals die wahrhafte Natur der angedeuteten Schmerzen vermitteln: Wo der Text von Pauline Réage sprachästhetisch immer den 'Anstand' wahrt und auch erschreckendste Details in einer oft abstrakten 'Hochsprache' beschreibt, rettet sich der Film in die schamhafte Abblende, etwa in der Szene der Brandmarkung." Marcus Stiglegger, Kino der Extreme.

- "Neben erniedrigenden Sexualakten, die O über sich ergehen lässt, werden die Frauen meistens nackt oder nur dürftig bekleidet vorgeführt, während alle Männer vollständig angezogen bleiben. Dieser Film sorgte wegen seiner unkritischen Frauen verachtenden Darstellung (Frauen wollen Männern gehören und ihnen absoluten Gehorsam schwören) bei seiner Aufführung 1975 für Protestaktionen in mehreren deutschen Städten. lesbengeschichte.de

- „Nach heutigen Maßstäben wohnt der sexuellen Tour de force der Fotografin O (Corinne Clery) indes nur noch wenig Schockierendes inne. Nur über das vermittelte Frauenbild lässt sich zu Recht triftig streiten." TV SPIELFILM

- „Dank gründlich entschärftem Drehbuch und gnadenlosem Pastell-Filter mit Weichzeichner-Effekt kommt der Film im bieder-schlüpfrigen Mäntelchen eines 70er Jahre Softpornos à la Bilitis daher" Cineman.ch

- ""Die Geschichte der O." ist geschmackvolles Erotikkino aus den Siebzigern. Sympathische Hauptdarstellern, ästhetische Erotikszenen und eine interessante Geschichte machen diesen Film zu etwas besonderen. Erwachsenes Publikum, das sich auf einen Klassiker der Erotik einlassen kann, sollte sich Just Jaeckins Film einmal ansehen." Sneakfilm.de

- „Anfangs unrealistisch wie ein Traum mit abgeschaltetem O-Ton und darübergeblendeter Choralmusik sehen wir viktorianisch-verklemmtes erotisches Gestenspiel ohne verbale Kommunikation, überwiegend heterosexuell, feminin-submissiv, aber zur Filmmitte hin mit einer orgiastischen lesbischen Begegnung, findet die O im letzten

Viertel schlussendlich die sie beglückende natürliche Erfüllung in Hündchenstellung unter einem athletischen in etwa gleichaltrigen Mann und promoviert sich zu guter Letzt zur Auch-Sadistin, indem sie ihrem Liebhaber mit einer glühenden Zigarre(te?) ihr besitzanzeigendes O einbrennt. Sicherlich eine historische Inspiration für Mehr-als-Vanilla-Bisexuelle." *Bisexual characters in film*

Verbreitungsbeschränkungen

Der Film löste bei seinem Erscheinen in mehreren Ländern heftige Kontroversen aus. In einigen Ländern bestehen nach wie vor Verbote und Einschränkungen bezüglich seiner Ausstrahlung, bzw. seines Besitzes oder Verkaufs.

Deutschland

In Deutschland wurde der Film 1982 durch die Bundesprüfstelle für jugendgefährdende Schriften (BPjS) indiziert. Nach 25 Jahren Indizierung wurde er im Jahr 2008 von der Liste der jugendgefährdenden Medien gestrichen. Der Streichung ging eine Klage gegen die ursprüngliche Verwaltungsentscheidung durch den deutschen DVD-Vertreiber, die Galileo Medien AG, voran. Seit jener Neubewertung durch die Bundesprüfstelle für jugendgefährdende Medien (BPjM) kann der Film wieder in ungekürzter Fassung vertrieben werden.

Zuvor war der Film wiederholt ungeschnitten im Nachtprogramm mehrerer deutscher Sender ausgestrahlt worden.

Großbritannien

In Großbritannien erhielt der Film erst im Jahr 2000, nachdem er um acht Minuten geschnitten worden war, eine Freigabe durch die Zensurbehörde British Board of Film Classification (BBFC).

Norwegen

Der Film war in Norwegen in seiner Kinofassung von 1978 bis 2003 verboten.

Neuseeland

In Neuseeland ist der Film noch immer verboten.

Hintergründe

- Die literarische Vorlage gewann im Februar 1955 den französischen Literaturpreis Prix des Deux Magots.
- Obwohl der Film vollkommen ohne die detaillierte Darstellung von Geschlechtsverkehr oder verbale Obszönitäten auskommt, weist er aufgrund seiner Thematik, Ästhetik und aufwendigen Ausstattung Bezüge zum Porno Chic der 1970er Jahre auf.
- Aury schrieb den Roman unter dem Pseudonym *Pauline Réage* und deckte ihre jahrzehntelang nur gerüchteweise bekannte Autorenschaft erst 1994 öffentlich in einem Interview mit dem amerikanischen Magazin *The New Yorker* auf.
- Die Schlussszene des Films wurde in Eyes Wide Shut in Dekoration und Tonalität exakt wieder aufgenommen.
- Der Film ist neben 9 1/2 Wochen eine der bekanntesten Produktionen zum Thema Sadomasochismus.
- Ebenfalls 1975 erschien Gerard Damianos Produktion The Story of Joanna, die die Romanvorlage ebenfalls aufnahm und, aus Lizenzgründen unter einem anderen Titel, wesentlich radikaler umsetzte.

Literatur

- Pauline Réage (Dominique Aury): *Geschichte der O* (Originaltitel: *Histoire d'O*). Deutsch von Simon Saint Honoré. 3. Auflage. Heyne, München 2006, 223 S., ISBN 978-3-453-69907-6 oder ISBN 3-453-69907-6

Von „http://de.wikipedia.org/wiki/Die_Geschichte_der_O"

Die Klavierspielerin (Film)

Der Film **Die Klavierspielerin** entstand 2001 und basiert auf dem Roman *Die Klavierspielerin* von Elfriede Jelinek.

Mit 2,5 Millionen Kinobesuchern, davon rund 700.000 in Frankreich, ist der Film die erfolgreichste Produktion mit österreichischer Beteiligung der letzten Jahre. Er wurde als Bestandteil der Edition „Der österreichische Film" auf DVD veröffentlicht.

Handlung (der Romanvorlage)

Erika Kohut ist Klavierlehrerin am Wiener Konservatorium. Sie ist Ende 30 und lebt noch immer mit ihrer Mutter zusammen. Seit der „Vertreibung" und dem anschließenden Tod des kranken Vaters teilt sie mit ihr sogar das Ehebett. In dieser engen Umklammerung untersteht Erika fast vollständig der mütterlichen Kontrolle, die ihr nicht einmal den Kauf von Kleidern zugesteht. So zerreißt die Mutter aus blinder Wut ein neu gekauftes Kleid Erikas und lässt weitere Kleider der Tochter verschwinden.

Das Ziel der Mutter ist es von Anfang an, aus ihrer Tochter eine Berühmtheit zu machen, sie vollständig zu kontrollieren und nicht aus den Augen zu lassen, um selbst nie alleine sein zu müssen. Schon als Kind wird Erika daher von ihrer Mutter zur Klavierspielerin dressiert; eine Solo-Karriere scheitert und Erika nimmt deshalb eine Professur am Konservatorium an. Sie hat keine Privatsphäre, da das Zimmer, das sie bewohnt, nicht abschließbar und somit auch der ständigen Kontrolle der Mutter ausgesetzt ist.

Für die alte Dame ist Erikas Geld die Hoffnung auf den baldigen Erwerb einer Eigentumswohnung, in der sie wieder zusammen mit ihrer Tochter wohnen kann. Die Mutter betrachtet Erika als ihr Eigentum und duldet kaum gesellschaftliche Kontakte, schon gar nicht mit Männern. Kommt die Tochter nur 15 Minuten zu spät nach Hause, so gibt die Mutter keine Ruhe, bis sie den Grund des späten Kommens erfährt. Sie nutzt das Gewissen ihrer Tochter aus, um Erika für sich zu benutzen. Jedes durchschnittliche Verhalten anderer wird als primitiv und schlecht abgestempelt, wodurch Erika ihre Abgeschlossenheit nicht erkennt.

In der bedrückenden Umarmung der Mutter stirbt die Tochter seelisch ab. Regelmäßig hält Erika kleine Konzerte ab, dabei zwingt sie Schüler und Schülerinnen mit ihren Eltern zur Anwesenheit, ansonsten bekommen die Schüler schlechte Noten. Doch auch die Musik, die für die Mutter den Wert der Tochter erhöhen soll, wird Erika zur bedrückenden Last, da die Mutter einfach zu viel fordert. Daher flüchtet sich Erika in Autoaggression und Voyeurismus.

Oft spioniert die Klavierlehrerin ihren Schülern nach und überrascht sie beispielsweise, wenn sie sich die Standfotos eines Softpornos am Metro-Kino in der Johannesgasse anschauen. Als einzige Frau sucht sie auf dem Nachhauseweg vom Konservatorium einen Erotikladen auf, schließt sich in eine der Peepshow-Kabinen ein, hebt ein „von Sperma ganz zusammengebackenes Papiertaschentuch" auf und riecht daran.

Als einer von Erikas Klavierschülern, der engagierte Sportler und Technikstudent Walter Klemmer, sich entschließt, die Lehrerin zu erobern, ist Erika völlig überfordert. Klemmer nutzt jede Gelegenheit, in Erikas Nähe zu sein. Auch bei einer Probe in der Turnhalle einer Volksschule ist er im Publikum. Die Lehrerin weiß nicht, wie sie auf das Verhalten des Schülers reagieren soll und ignoriert ihn daher. Die Zielstrebigkeit und Ausdauer Klemmers beeindruckt sie aber doch. Während eines Konzerts geht Erika hinaus, wickelt im Umkleideraum ein Wasserglas in ihr Taschentuch und zertritt es. Dabei achtet sie darauf, dass scharfkantige Splitter entstehen, die sie einer ihrer Schülerinnen, die zuvor mit Walter geflirtet hatte, in die Manteltasche steckt. Das Mädchen, dem der Mantel gehört, zerschneidet sich beim Anziehen des Mantels die Hand und schreit. Während Lehrer und Schüler zusammenlaufen, geht Erika scheinbar ruhig ein Stockwerk höher und uriniert im Schülerklo.

Klemmer folgt ihr und holt sie aus der Kabine. Er zwingt ihr einen Kuss auf, greift ihr unter den Rock, und während er vor Gier schluchzt, dringt er mit dem Zeigefinger in sie ein. Plötzlich drückt Erika ihn von sich weg und hält ihn auf eine Armlänge Abstand. Sie bleibt aufrecht stehen, öffnet den Reißverschluss an seiner Hose, holt seinen erigierten Penis heraus und masturbiert ihn. Sobald er versucht, etwas zu sagen oder sich ihr zu nähern, droht sie, ihn auf der Stelle stehen zu lassen. Unmittelbar bevor er zum Orgasmus kommt, zieht Erika ihre Hand von seinem Geschlechtsteil zurück. Klemmer drängt sie, weiterzumachen, aber „sie möchte es jetzt nicht mehr anfassen, um keinen Preis" und verbietet ihm auch, zu masturbieren oder sich umzudrehen, wenn er sie noch einmal sehen wolle.

In der nächsten Klavierstunde mit Klemmer verhält Erika sich, als wäre nichts vorgefallen. Sie kritisiert nur die Leistungen ihres Schülers am Klavier. Am Ende der Stunde überreicht sie ihm einen verschlossenen Brief. Walter schlägt ihr vor, das Wochenende gemeinsam zu verbringen. Davor schreckt Erika jedoch zurück. Auf dem Heimweg folgt ihr Klemmer und holt sie im Treppenhaus ein. Als er ihr in die Wohnung folgt, ist die Mutter nicht erfreut über den ungebetenen Gast. Erika behauptet, sie müsse mit ihrem Schüler noch etwas besprechen und geht mit ihm in ihr Zimmer. Weil es sich nicht abschließen lässt, schieben die beiden die Kredenz vor die Tür. Die Mutter glaubt, dieser junge Mann wäre nur hinter ihren Ersparnissen her. Aus Wut und Hilflosigkeit trinkt sie diverse Liköre, um sich zu beruhigen.

Währenddessen verlangt Erika von Klemmer, den Brief zu lesen. In diesem Umschlag stehen die geheimsten Wünsche Erikas. Sie schreibt, Klemmer solle sie schlagen, knebeln, anschreien und vergewaltigen. „Wenn ich flehe, dann tue nur so, als ob du es tun wolltest, in Wirklichkeit ziehe die Fesseln bitte noch fester, noch strammer zusammen, und den Riemen ziehe mindestens um 2-3 Löcher, je mehr, desto lieber ist es mir, fester zusammen, und außerdem stopfe mir dann noch alte Nylons von mir, die bereitliegen werden, derart fest in den Mund als es geht und knebel mich so raffiniert, dass ich nicht den geringsten Laut von mir geben kann." So hat Klemmer sich das nicht vorgestellt; er rennt aus der Wohnung. Weil Klemmer nicht mehr zu den Klavierstunden erscheint, geht Erika zu seinem Eishockeytraining und zerrt ihn anschließend in eine Abstellkammer der Putzfrauen. Sie kniet sich vor ihm auf den Boden und nimmt seinen Penis in den Mund, aber es kommt zu keiner Erektion.

Mitten in der Nacht klopft Klemmer an ihrer Tür und verlangt, dass sie ihm öffnet. Kaum öffnet sie die Tür stürmt er in ihre Wohnung, ohrfeigt Erika, rammt ihr die Faust in den Magen und tritt auf sie ein, als sie sich am Boden krümmt. Die Mutter will die Polizei anrufen, aber Klemmer stößt sie ins Schlafzimmer zurück und sperrt sie ein. Bevor er Erika vergewaltigt, trinkt er erst noch in der Küche ein Glas Wasser.

Erika geht am nächsten Tag mit einem Messer bewaffnet zu einem Konzert, wo einige Schüler spielen werden. Sie entdeckt Klemmer inmitten einer Gruppe fröhlicher Kommilitonen und beobachtet, wie er mit einem Mädchen flirtet. Klemmer grüßt Erika mit „Frau Professorin", als sei nichts geschehen. Das lenkt Erikas Aggression auf sie selbst. Leidenschaftslos sticht sie sich das Messer statt ins Herz in die Schulter und geht blutend nach Hause.

Kritiken

- „Der Film beginnt als psychologisches Drama, verliert aber an Überzeugungskraft, als die von Isabelle Huppert extrem beeindruckend gespielte Pianistin ihre verdrängten Seiten enthüllt. Die dichte, aufs Wesentliche konzentrierte Inszenierung arbeitet mit provokativen Leerstellen und vielen spannenden Subplots, unter denen die Geschlechter-Thematik etwas übergewichtet ist." (filmdienst)
- „Weit davon entfernt eine erregende Sex-Show zu sein, hat ‚Die Klavierspielerin' die Griffigkeit einer klinischen Fallstudie, die in das Sujet eines ästhetischen und philosophischen Diskurses erhoben wird. Visuell ist Mr. Haneke ein kühler, pedan-

tischer Formalist, der elegante Kameraeinstellungen bevorzugt, in denen die Kamera stationär verharrt. Die eisige Autorität mit der der Film unsere Erwartungen manipuliert, erinnert an seinen berüchtigten 1997er-Film ‚Funny Games' ..." (New York Times)
- „Der in Cannes 2001 dreifach preisgekrönte Film ‚Die Klavierspielerin' von Michael Haneke ist eine kongeniale Adaption des Romans von Elfriede Jelinek. Hanekes Bilder sind so verstörend wie Jelineks Sprache. Emotionslos wie ein Forscher lässt er uns am neurotischen Treiben seiner Heldin teilhaben, bis es wehtut." (Stern)

Auszeichnungen

- 2001 gewann *Die Klavierspielerin* bei den Internationalen Filmfestspielen von Cannes 2001 Auszeichnungen für den *Besten Schauspieler* (Benoît Magimel) und die *Beste Schauspielerin* (Isabelle Huppert) sowie den *Großen Preis der Jury*. Ferner wurde der Film für die *Goldene Palme* nominiert.
- Im selben Jahr gab es eine *Camerimage*-Nominierung.
- 2002 bekam der Film eine BAFTA-Nominierung als *Bester nicht-englischsprachiger Film*.
- Ebenfalls 2002 gab es für den Film eine César-Auszeichnung für die *Beste Nebendarstellerin* (Annie Girardot) sowie eine Nominierung für die *Beste Hauptdarstellerin* (Isabelle Huppert).
- Im selben Jahr gewann der Film beim *Deutschen Filmpreis* als *Bester ausländischer Film*.
- 2003 wurde der Film als *Bester Nicht-amerikanischer Film* für den *Bodil* nominiert.
- Im selben Jahr folgte eine *Independent-Spirit-Awards*-Nominierung als *Bester ausländischer Film*.
- Ebenfalls 2003 bekam Isabelle Huppert eine Online-Film-Critics-Society-Awards-Nominierung als *Beste Hauptdarstellerin*.
- 2003 gab es eine Robert-Nominierung als *Bester Nicht-Amerikanischer Film*.

Literatur

- Elfriede Jelinek: *Die Klavierspielerin*. Rowohlt Verlag, Reinbek 1983 (Erstdruck)
- Elfriede Jelinek: *Die Klavierspielerin*. Rowohlt Verlag, Reinbek 1986, ISBN 3-499-15812-4
- Haneke, Michael; Jelinek, Elfriede: *Die Klavierspielerin: Drehbuch, Gespräche, Essays*. Wien: Sonderzahl, 2001. ISBN 3854491913
- Haneke, Michael; Jeliniek, Elfriede: *La pianiste: scénario d'après le roman de Elfriede Jelinek*. [Paris]: Cahiers du cinéma, 2001. ISBN 2866423186 (frz. Ausgabe)

Fußnoten

Von „http://de.wikipedia.org/wiki/Die_Klavierspielerin_(Film)"

Die Peitsche der Pandora

Die Peitsche der Pandora ist ein Dokumentarfilm des Regisseurs Nick Broomfield aus dem Jahr 1996. Der für Dokumentationen mit sexuellen Kontext bekannte Filmemacher begleitet über einen Zeitraum von zwei Monaten den Alltag in einem der bekanntesten BDSM-Studios Manhattans namens *Pandora's Box*.

Neben Interviews mit der Domina *Mistress Raven* und ihren Kolleginnen kommen mehrere Kunden zu Wort, die sich zu ihren Motiven äußern. Weiterhin zeigt der Film neben dem Einsatz unterschiedlicher Sexspielzeuge auch die individuellen Ausprägungen von BDSM-Sessions in unterschiedlichen Konstellationen. Der Film fokussiert auf die Perspektive der beteiligten Frauen.

Von „http://de.wikipedia.org/wiki/Die_Peitsche_der_Pandora"

Die flambierte Frau

Die flambierte Frau ist ein deutscher Spielfilm des Regisseurs Robert van Ackeren aus dem Jahr 1983. Der Film schildert die Entwicklung der Beziehung zwischen einer Domina und einem Callboy. Neben Gudrun Landgrebe wirken Mathieu Carrière und Hanns Zischler mit. Das Drehbuch basiert auf dem gleichnamigen Roman von Wolfgang Fienhold.

Handlung

Die aus „besseren Kreisen" stammende Eva bricht aus Langeweile und Frustration aus ihrer Beziehung aus und trennt sich von ihrem Ehemann. Die Vorstellung, als Callgirl zu arbeiten, erscheint ihr sehr verlockend, daher erlernt sie mit Hilfe ihrer Freundin Yvonne die Grundzüge des Gewerbes und arbeitet schon bald mit einem erlesenen Kundenkreis. Nachdem sie durch Abneigung gegen die Rollenspielwünsche eines Kunden diesen dazu bringt, die Rollen zu tauschen, entdeckt Eva zunehmend die Welt des BDSM für sich und wird zu einer erfolgreichen Domina.

Im Umfeld ihrer Kolleginnen trifft sie Chris, in den sie sich verliebt. Er entpuppt sich als Gigolo, der seine Dienstleistungen sowohl Männern als auch Frauen anbietet. Sie zieht zu ihm in sein Penthouse, das groß genug ist, um beide weiterhin unabhängig voneinander ihren Geschäften nachgehen zu lassen.

Als Chris merkt, dass seine Freundin als Domina sehr erfolgreich ist, wird er zunehmend eifersüchtig und kann seine Abneigung gegen Evas sadomasochistische Dienstleistungen nicht überwinden, da er diese als bloße Missachtung und Erniedrigung der Kunden versteht.

Eva entwickelt im Gegenzug eine Eifersucht auf einen der langjährigen Freier und Geliebten ihres Freundes, einen wohlhabenden Kunsthändler, der Chris seit langem liebt und nun immer mehr befürchten muss, dass ihm dieser entgleitet.

Um seine Freundin endgültig für sich zu gewinnen, beginnt Chris, Eva Pelze zu schenken und von Heirat zu sprechen. Evas Verhältnis zu ihrer Dienstleistung bleibt ambivalent, da sie FemDom als Weg versteht, ein hohes Einkommen zu erzielen und hierbei ihren Kunden nicht sexuell ausgeliefert zu sein, sondern diese stattdessen unterwerfen und lenken zu können. Die Ambivalenz zwischen dem großen wirtschaftlichen Erfolg Evas und der von beiden in unterschiedlichem Maße angenommenen *Amoralität* sadomasochistischer Dienstleistungen als Einkommensquelle belastet das Paar zunehmend.

Die Situation eskaliert schließlich, als Eva ihrem Partner ihren Traum schildert, ihn zu unterwerfen und dabei zu schlagen. Chris verliert die Nerven und investiert in der Folge gegen den Willen Evas beider Vermögen in einen Restaurantkauf, den Eva kategorisch ablehnt. Im Verlauf eines extremen Streits verprügelt Chris Eva und steckt sie, nachdem er sie mit Alkohol übergossen hat, in Brand. Lichterloh brennend läuft Eva aus dem gemeinsamen Penthouse.

Der Film endet mit einer Szene, in der die körperlich unversehrte Eva zusammen mit ihrer Freundin Yvonne aus einer Bar geworfen wird, deren Eigentümer Chris ist; die beiden Frauen amüsieren sich über die Situation.

Hintergrund

Gudrun Landgrebes Stimme ist im Film nicht zu hören. Sie wurde von Evelyn Maron synchronisiert.

Kritiken

„Eine satirische schwarze Komödie, die verlogene bürgerliche Umgangsformen und den Mißbrauch von Gefühlen angreift. Ein großer Kassenerfolg des deutschen Kinos."
– *Lexikon des Internationalen Films*

„Van Ackeren zeigt Prostitution als akzeptable bürgerliche Karriere. Allerdings dürfte weniger sein häufig beschworener böser Blick auf liebgewonnene Konventionen der Bourgeoisie die Massen in die Kinos gelockt haben, als die schönen Bilder vom Milieu und die körperlichen Reize der Hauptdarsteller"
– *Reclams Lexikon des Deutschen Films*

„Die Kritik sprach euphorisch von einem „neuen Frauenbild der 80er Jahre", das Gudrun Landgrebe verkörpere: mit kühl-beherrschter Haltung und selbstbewusst-erotischer Ausstrahlung. Dieses Bild sollte sich in den Köpfen festsetzen und sie lange „verfolgen"."
– *Stars & Hits*

Auszeichnungen

Der Film wurde 1984 als deutscher Beitrag für den Oscar in der Kategorie *Bester fremdsprachiger Film* ausgewählt, erhielt aber keine Nominierung.

Literatur

- Wolfgang Fienhold: *Die flambierte Frau.* Heyne, München 1983, ISBN 3-453-01826-5

Von „http://de.wikipedia.org/wiki/Die_flambierte_Frau"

Dirty Pictures

Dirty Pictures ist ein für das Fernsehen produzierter Spielfilm des amerikanischen Regisseurs Frank Pierson aus dem Jahr 2000. Das Filmdrama beruht auf dem juristischen Verfahren um die Mapplethorpe-Ausstellung *The Perfect Moment* in Cincinnati.

Handlung

Der Museums-Kurator Dennis Barrie (James Woods) gerät aufgrund seiner Entscheidung eine umstrittene Fotoausstellung durchzuführen in das Fadenkreuz des Sheriffs Simon Leis (Craig T. Nelson), der alles daransetzt Berrie im Laufe eines Gerichtsprozesses verurteilen zu lassen. Als sich die öffentliche Kontroverse um Freiheit und moralische Grenzen der Kunst zunehmend zuspitzt, gerät Barries Ehe in Gefahr und seine Tochter wird körperlich angegriffen. Das zuständige Gericht kommt schließlich zu dem Ergebnis, dass die Ausstellung rechtens war.

Kritiken

- Cinema hob das *„Plädoyer für künstlerische Freiheit"* und die *"verwirrende Flut von Interviews"* z.B. mit Susan Sarandon und Salman Rushdie hervor.

Auszeichnungen

- 2000
  - Emmy Awards
    - Nominierungen in den Kategorien "Outstanding Cinematography for a Miniseries, Movie or a Special" und "Outstanding Sound Mixing for a Miniseries or a Movie"
- 2001
  - Golden Globes
    - Sieger "Best Mini-Series or Motion Picture Made for TV"
    - Nominierung "Best Performance by an Actor in a Mini-Series or Motion Picture Made for TV" (James Woods)
  - American Cinema Editors
    - Sieger "Best Edited Motion Picture for Non-Commercial Television"
  - Monte-Carlo TV Festival
    - Sieger "Television Films - Best Film"
  - Golden Satellite Award
    - Sieger "Best Performance by an Actor in a Miniseries or a Motion Picture Made for Television" (James Woods)
    - Nominierung "Best Motion Picture Made for Television"
  - Screen Actors Guild Awards
    - Nominierung "Outstanding Performance by a Male Actor in a Television Movie or Miniseries" (James Woods)

Von „http://de.wikipedia.org/wiki/Dirty

_Pictures"

Domina – Die Last der Lust

Domina – Die Last der Lust ist eine in Schwarzweiß und Farbe gedrehte deutsche Filmdokumentation des Regisseurs Klaus Tuschen aus dem Jahr 1985. Der Film begleitet die Westberliner Domina „Lady de Winter" durch ihren Alltag. Teilweise wird ihre Arbeit mit Hilfe versteckter Kameras dokumentiert. Die Uraufführung auf den Internationalen Filmfestspielen Berlin 1985 führte zu einer juristischen Auseinandersetzung, die unter anderem auf die ungeklärten Bildrechte zurückzuführen war.

Kritiken

- „Sehenswerte aber als schonungslose Studie sexueller Gelüste und Gewalttätigkeiten, die im Tabubereich existieren, exotisch scheinen und doch so alltäglich und verbreitet sind, daß mit dem Angebot von ‚Domina- und Sklavia-Modellen' ganze BZ-Seiten zu füllen sind. Ein männliches Wort dient dem Film als Untertitel, ‚Liebe ist eine gewalttätige Leidenschaft', von James Purdy. Von Liebe ist in diesem Film nicht die Rede." taz
- „Die Interviewpassagen wirken unbeholfen und wenig aussagekräftig. Dies mag als Indiz für Sprachlosigkeit zum Thema Femdom gelten; Grund ist vermutlich die noch vorherrschende Tabuisierung." Datenschlag

Hintergründe

- Als der Film auf den Internationalen Filmfestspielen Berlin 1985 uraufgeführt werden sollte, kam es zu einer juristischen Auseinandersetzung, da die portraitierte „Lady de Winter" sich nicht adäquat dargestellt sah und ihre Zustimmung zu einzelnen Szenen zurückzog. Sie führte außerdem an, dass von einigen heimlich gefilmten Kunden keine Einverständniserklärungen eingeholt werden könnten, woraufhin auf rund 14.000 Einzelbildern die Gesichter unkenntlich gemacht wurden.
- Die Dokumentation ist teilweise mit dem Song „Schlag mich, bitte bitte, schlag mich" der Wiener Band Fono Dor unterlegt.

Literatur

- BILD: *Krach bei Berlinale: Berliner heimlich beim Sex gefilmt*, Ausgabe Berlin, 22. Februar 1985, Titelseite

Von „http://de.wikipedia.org/wiki/Domina_%E2%80%93_Die_Last_der_Lust"

Fessle mich!

Fessle mich! ist ein Film des spanischen Regisseurs Pedro Almodóvar aus dem Jahr 1990. Er erzählt die Geschichte eines Kidnappings, bei dem es dem Täter darum geht, sein Opfer dazu zu bringen, dass es seine Liebe erwidert.

Handlung

Ricky wird 23-jährig aus einer geschlossenen psychiatrischen Anstalt rechtskräftig entlassen, da er als geheilt gilt. Auf die Frage der Direktorin, was er zu tun gedenke, bekundet er, arbeiten und eine Familie gründen zu wollen – *wie jeder normale Mensch*. Ihr Einwand, er sei kein normaler Mensch, hat zum einen ein persönliches Motiv (er war ihr Liebhaber), entspringt aber zum anderen auch ihrer Sorge um sein unentwickeltes Rechtsbewusstsein. Allerdings bleibt ihr das entscheidende Moment seines Plans verborgen: Ricky weiß nicht nur, was, sondern auch wen er will. Ein Jahr zuvor hatte er – während einer seiner Ausbrüche – bei einem One-Night-Stand Marina kennengelernt und ist seitdem fest entschlossen, sie zur Geliebten, Frau und Mutter seiner Kinder zu machen. Er findet sie durch einen Zeitungsartikel an ihrem Arbeitsplatz – einem Filmset. Der Titel des Films lautet *Dreharbeiten als Therapie* und widerspiegelt biografische Züge der Hauptdarstellerin, eine Ex-Pornodarstellerin und Drogensüchtige auf Entzug, als auch des Regisseurs, der nach einem Schlaganfall an einen Rollstuhl gefesselt ist. Ricky schleicht sich in die Studioräume ein und passt einen Moment ab, um Marina auf sich aufmerksam zu machen. Als dies misslingt, folgt er ihr und dringt in ihre Wohnung ein. Da sie sich wehrt und schreit, schlägt er sie kurzerhand nieder und hält sie ab sofort gefangen – in der naiven Hoffnung, die Zeit werde für ihn arbeiten.

Ricky selbst hatte Gewaltanwendung zwar einkalkuliert (er stiehlt vorher u.a. ein Messer und Handschellen), tut dies aber eher widerwillig. Als es für ihn unumgänglich wird, das Haus zu verlassen, um zur Linderung ihrer Zahnschmerzen Tabletten auf dem Schwarzmarkt zu besorgen, fesselt er sie. Nachdem er der Dealerin gewaltsam die Ware abnimmt (nicht ganz motiviert, denn er hat das Geld), rächt sich diese bei einer zufälligen Wiederbegegnung in der Folgenacht und schlägt ihn mit Hilfe zweier Kumpane nieder. Die Rückkehr des verletzten Ricky, der ihr wiederholt Drogen beschaffen wollte, löst in Marina den entscheidenden Impuls zu seinen Gunsten aus. Sie pflegt ihn, fängt an, ihn zu begehren, schläft mit ihm und erinnert sich nun auch ihrerseits an ihre gemeinsame Erstbegegnung ein Jahr zuvor. Deren zentrale Bedeutung für sein Leben macht Ricky ihr am Morgen danach noch einmal mit einer gezeichneten Biografie klar. Sie erfährt, dass er mit 3 ins Waisenhaus kam, mit 8 ins Erziehungsheim und mit 16 in die Psychiatrie.

Der zum Happyend führende Showdown beginnt schließlich mit der drohenden Entdeckung beider. Ricky hatte Marina, um genau das zu verhindern, in die gegenüberliegende Wohnung verfrachtet, im Glauben, es sei die eines verreisten Nachbarn. In Wahrheit gehört sie Marinas Schwester Lola, die ebenfalls als promiskuitiver Single lebt, ihre Tochter von der Mutter auf dem Land großziehen lässt und als Produktionsleiterin in Marinas Film arbeitet. Ricky verhindert zunächst, dass sie die beiden bemerkt, und verlässt nach ihrem Weggang ebenfalls die Wohnung, um ein Fluchtauto zu besorgen. Währenddessen kehrt Lola jedoch noch einmal zurück, entdeckt jetzt fremde Spuren und schließlich auch Marina. Diese steckt sichtlich im Zwiespalt: Obwohl erstmals ohne Mundpflaster, hatte sie nicht gerufen, gesteht sogar, dass sie ihn haben will, wehrt sich aber auch nicht wirklich dagegen, von ihrer Schwester aus der Wohnung geführt zu werden. Erst danach gelingt es ihr, Lola – und nicht zuletzt sich selbst – begreiflich zu machen, dass es ihr ernst ist. Da sie weiß, dass Ricky vorhatte, vor der Flucht mit ihr noch einmal seinen Geburtsort aufzusuchen, fahren sie dort hin und finden ihn tatsächlich vor. Von da aus fahren die drei weiter zur Familie der beiden Schwestern. Ricky gewinnt während der Fahrt das Vertrauen von Lola, die ihm die Freundschaft anbietet, und Marina weint vor Glück, dass sich beide so gut verstehen.

Kritiken

"Fessle mich!" ist ein verstörender Film, der Fragen offen lässt - nicht was die Handlung anbelangt, sondern die Aussage. Das beginnt schon mit der Idee, einen Menschen erfolgreich zur Liebe zwingen zu können. [...] Ricky will sein an sich hehres Ziel, Marina zu ehren und zu lieben, mit allen Mitteln und ohne Rücksicht auf deren Willen erreichen. Dabei lässt Almodóvar den brutalen psychisch Kranken auch noch zum Sympathieträger des Films werden - was endgültig zu Verwirrung führt. Das gelingt durch den kindlichen Charakter der Rolle. [...] "Átame!" ist sehr trashig, weiß aber immer wieder durch intelligente Momente zu gefallen. Damit setzt sich die Widersprüchlichkeit der Charaktere und der Motive auch auf dieser Ebene fort. (Jassien Kelm / filmreporter.de)

"Fessle mich!" ist eine schrill-bunte Groteske, ein Lobgesang auf die Fantasie, in der aus nackter Gewalt die wahre Liebe entstehen kann. Dabei verherrlicht Pedro Almodovar nicht etwa Brutalität und Unterdrückung: Ricky ist kein Macho, sondern ein Kind gebliebener verletzlicher und sensibler Mann, der sich unbekümmert nimmt, was er möchte. Er hat nicht vor, Marina zu unterwerfen, sondern nimmt mit der größten Selbstverständlichkeit an, dass sie nur etwas Zeit braucht, um sich in ihn zu verlieben. (Dieter Wunderlich)

Interpretation

"Fessle mich!" ist fast ein romantisches Märchen, aber viele waren gegen den Film, weil sie meine Geschichte für sadomasochistisch hielten, was sie gerade nicht ist. (Pedro Almodovar)

Auszeichnungen (Auszug)

Der Film wurde international mehrfach ausgezeichnet:
- 1990: Teilnahme am Wettbewerb der Berlinale 1990
- 1991:
  - Filmfestival von Cartagena (Kolumbien), Goldene *India Catalina* (*Bester Schauspieler* Antonio Banderas)
  - César (Frankreich), César (Nominierung *Bester ausländischer Film* Pedro Almodóvar)
  - Fotogramas de Plata
    - (*Bester spanischer Film*, Pedro Almodóvar)
    - (Nominierung *Beste Schauspielerin in einem Kinofilm*, Victoria Abril)
  - Sant Jordi Awards, Audience Award (*Bester spanischer Film*, Pedro Almodóvar)

Von „http://de.wikipedia.org/wiki/Fessle_mich!"

Fireworks (Film)

Fireworks ist ein wichtiger experimenteller, unabhängiger Avantgardefilm um homoerotische Phantasien von Kenneth Anger aus dem Jahr 1947, der zu einem Klassiker des Undergroundkinos wurde.

Handlung

Der Träumer lebt seine sadomasochistischen Phantasien mit gewalttätigen Matrosen aus, welche er gleichzeitig herbeisehnt und fürchtet. Das eigentliche "Feuerwerk" entspringt schließlich einer sich öffnenden Hose.

Hintergrund

- Anger drehte den Film mit 17 Jahren an einem einzigen Wochenende im Haus seiner Eltern in Beverly Hills.
- Die Darsteller der Matrosen sind Studenten der University of Southern California.

Kritiken

- *A landmark of both experimental and gay/lesbian filmmaking, Kenneth Anger's film is a bizarre, disturbing dreamscape of violation, rape, and homoerotic sadomasochism.* (Übersetzung: *Als Meilenstein sowohl des experimentellen als auch des schwul-lesbischen Filmschaffens ist Kenneth Angers Film eine bizarre, verstörende Traumlandschaft von Gewalt, Vergewaltigung und homoerotischem Sado-Masochismus.*) Jonathan Crow, All Movie Guide

Von „http://de.wikipedia.org/wiki/Fireworks_(Film)"

Gwendoline

Gwendoline ist ein französischer Spielfilm des Filmregisseurs und Modefotografen Just Jaeckin aus dem Jahr 1984.

Der Film basiert auf dem von John Willie geschaffenen sadomasochistischen Comic-Charakter *Sweet Gwendoline*. Der Film ist Tawny Kitaens Debüt, die Kostüme wurden von François Schuiten entworfen.

Handlung

Die attraktive *Gwendoline* (Tawny Kitaen) lässt sich mit ihrer Zofe Beth (Zabou) in einer Frachtkiste nach China verschiffen, um ihren verschwundenen Vater wiederzufinden. Dort gerät sie in Schwierigkeiten mit der chinesischen Mafia, aus denen sie durch den Abenteurer Willard gerettet wird. Gemeinsam brechen die drei auf, um im südamerikanischen Dschungel das sagenumwobene Land „*Yik-Yak*" zu erreichen, in dem Gwendolines Vater nach einem seltenen Schmetterling suchen soll. Nachdem sie erfahren, dass der Vater inzwischen gestorben ist, machen sie sich selbst auf die Jagd nach dem Schmetterling, um ihn nach dem Vater zu benennen. Hierbei erreichen sie schließlich nach waghalsigen Bootsfahrten, Kämpfen mit Piraten und Wüstendurchquerungen die geheime unterirdische Stadt. Diese wird von halbnackten Amazonen in Lederrüstungen beherrscht. Die Königin des Staates fasst sehr schnell den Plan, Willard zu töten. Zuvor soll sich dieser jedoch mit dem weiblichen Meistergladiator paaren.

Hintergründe

- Der Film erschien auf dem US-Markt ursprünglich unter dem Titel *The Perils of Gwendoline in the Land of the Yik Yak* in einer synchronisierten und um 17 Minuten gekürzten Fassung. 2006 wurde unter der Bezeichnung *Gwendoline – Unrated Director's Cut* erstmals eine ungekürzte Version veröffentlicht.
- Das Cover des bei RCA veröffentlichten Soundtracks wurde am 28. Februar 1985 indiziert.

Von „http://de.wikipedia.org/wiki/Gwendoline"

Hana to Hebi

Hana to Hebi (jap. 花と蛇, dt. „Blume und Schlange"), international veröffentlicht unter dem englischen Titel *Flower and Snake*, ist ein japanischer Erotikfilm (Pinku Eiga) aus dem Jahre 1974, der auf dem gleichnamigen BDSM-Roman von Oniroku Dan basiert. Regie führte Masaru Konuma, die Hauptrolle spielte Naomi Tani. Der Film erschien bei Nikkatsu in der Reihe Roman Porno.

Handlung

Makoto Katagiri glaubt, als Kind einen Mann namens Jimmy erschossen zu haben, und leidet seitdem an Albträumen und Erektionsproblemen. Er lebt bei seiner Mutter Miyo, einer Pornodarstellerin, und hat einen Bürojob. Als sein Chef Senzō Tōyama in Katagiris Schreibtisch Bilder von gefesselten Frauen findet, beauftragt er diesen, seine Frau Shizuko, die sich ihm gegenüber abweisend zeigt und eine Scheidung anstrebt, zu entführen und zu disziplinieren. Katagiri stimmt zu. Er vergewaltigt Shizuko und foltert sie gemeinsam mit seiner Mutter.

Mit der Zeit entwickelt sich eine Liebesbeziehung zwischen Katagiri und Shizuko. Durch sie überwindet er auch sein Trauma. Als er seiner Mutter berichtet, dass er und Shizoku beabsichtigen, zu heiraten, bezahlt diese einen Mann, der Jimmy ähnlich sieht, damit er Shizuko vergewaltigt. Dadurch erneuert sich Katagiris Kindheitstrauma. Zudem verlangt Tōyama, dass er Shizuko zurückgibt. Katagiri meldet sich krank und vermeidet den Kontakt mit Tōyama. Schließlich entscheidet er sich, Shizuko freizulassen, sie kehrt jedoch zu ihm zurück.

Daraufhin gehen Katagiri und Shizuko ins Kino, um einen Pornofilm zu sehen. Durch den Film fühlt er sich erneut an sein Kindheitstrauma erinnert. Diesmal kann er es jedoch endgültig überwinden, denn er erinnert sich, dass nicht er, sondern seine Mutter Jimmy erschossen hat. Von einer Telefonzelle aus ruft er seine Mutter an, um sie damit zu konfrontieren, während er mit Shizuko Sex hat.

Als Katagiri mit Shizuko nach Hause kommt, wird er dort von Tōyama erwartet, der verlangt, dass Shizuko mit ihm mitkommt. Sie erklärt Katagiri, dass sie immer noch Tōyamas Ehefrau ist, bietet ihm aber an, mit den beiden mitzukommen. Gegen den Willen seiner Mutter willigt er ein.

Bedeutung

Naomi Tani spielte in Hana to Hebi erstmals eine Hauptrolle in einem Film, der von einem der großen japanischen Studios produziert wurde. Zuvor war sie nur in Low-Budget-Produktionen kleinerer Studios in Erscheinung getreten. Dennoch war sie zu diesem Zeitpunkt bereits sehr bekannt. Auch in der US-amerikanischen Zeitschrift Playboy war sie bereits 1968 erwähnt worden.

Hana to Hebi war gleichzeitig der erste BDSM-Film in der Reihe Roman Porno. Nikkatsu hatte der Thematik lange skeptisch gegenübergestanden. Nachdem Hana to Hebi und der wenig später folgende Ikenie Fujin großen Erfolg hatten folgten jedoch weitere ähnliche Filme, darunter auch viele mit Naomi Tani.

Andere Verfilmungen

1968 erschien unter dem Titel *Hana to Hebi yori: Niku no Shiiku* (花と蛇より肉の飼育) bereits eine Verfilmung des Romans bei Yamabe Pro. Die Hauptrolle spielte auch in dieser Verfilmung Naomi Tani.

Von 1985 bis 1987 versuchte Nikkatsu bei drei weiteren BDSM-Filmen mit ähnlicher Handlung eine Verbindung durch Verwendung von *Hana to Hebi* im Titel herzustellen. Diese Filme wurden auch international als Fortsetzungen vermarktet. Darsteller oder sonstige Mitwirkende aus Hana to Hebi sind jedoch nicht beteiligt.

Ein Remake von Takashi Ishii erschien 2004 mit Aya Sugimoto in der Hauptrolle. Zu diesem Film wurde 2005 auch eine Fortsetzung, erneut mit Aya Sugimoto, produziert.

Von „http://de.wikipedia.org/wiki/Hana_to_Hebi"

Hellraiser – Das Tor zur Hölle

Hellraiser – Das Tor zur Hölle ist ein Film des englischen Horrorautors Clive Barker und basiert auf dessen Roman *Das Tor zur Hölle* (*The Hellbound Heart*). Seine kunstvolle Visualisierung hebt den Film von anderen Vertretern des Horrorfilms ab und hat ihm Kultstatus verschafft. Die ungeschnittene Originalfassung ist in Deutschland nie erschienen, allerdings als Import, etwa aus Österreich, erhältlich.

Handlung

Frank kauft in einem Café im Orient einen mit Ornamenten verzierten Würfel von einem hageren Mann. Zurück in seinem Haus in der westlichen Zivilisation untersucht er den Würfel und entdeckt einen Mechanismus: Er öffnet ihn, verdreht ihn und setzt ihn wieder zusammen. Der Würfel öffnet das Tor zu einer anderen Dimension, in der Zenobiten (im Englischen „Cenobites") genannte Wesen mit unvorstellbaren sinnlichen Erfahrungen experimentieren. Frank wird von den Zenobiten in ihrer Dimension gefangen.

Einen ungewissen Zeitraum später zieht der Bruder von Frank, Larry, mit seiner Frau Julia in das Haus ein. Beim Einzug geschieht ein Missgeschick: Larry verletzt sich an einem hervorstehenden Nagel, und Blut tropft auf den Boden des Dachbodens. Dadurch beginnt Frank, einen neuen Körper zu materialisieren und nimmt Kontakt zu seiner Schwägerin Julia auf. Mit dieser hatte er hinter dem Rücken seines Bruders eine Affäre. Der untote Frank zieht Julia in seinen Bann. Sein Körper besteht anfangs nur aus den Knochen und den wichtigsten Organen. Um sich wieder vollständig zu materialisieren und dadurch endgültig den Zenobiten entkommen zu können, braucht er mehr Blut.

Die manipulierte und beeinflusste Julia lockt Männer auf den Dachboden, tötet diese und lässt sie von Frank aussaugen. Mehr und mehr sieht Frank wie ein richtiger Mensch aus. Doch durch ein Missgeschick gerät der Würfel in die Hände von Kirstie, Larrys Tochter aus erster Ehe, die das Tor erneut öffnet. Sie bietet den Zenobiten ihre Hilfe an, den flüchtenden Frank zu verraten, damit die Zenobiten ihn wieder in ihre Welt holen können.

Kritik

„Clive Barkers Regiedebut ist eine Meisterleistung an Horror. Ausgezeichnete schauspielerische Leistungen, eine gute Regie und ein fabelhaftes Drehbuch und eine eigene Horror-Ikone machen Hellraiser zu einem wahren Klassiker des Genres. Ein Muss für jeden Horrorfan."
– *Allesfilm.com*

„Naiv konstruierter Horrorfilm, der sich ganz auf die Scheußlichkeit seiner Spezialeffekte verläßt und weder von Inszenierung noch Darstellung her Interesse verdient. Die Aneinanderreihung vorhersehbarer Schockeffekte ist trotz gelegentlich aufschimmernder Ironie auf die Dauer langweilend."
– *Lexikon des Internationalen Films*

Motive

Zenobiten

Die Zenobiten (der Name ist vom Koinobitentum abgeleitet) sind Mitglieder des „Ordens der klaffenden Wunde" („Order of the Gash"), sie bezeichnen sich als Theologen dieses Ordens. Nach ihrer Selbstdarstellung sind sie „Forscher in den weiteren Regionen der Erfahrung" („Explorers in the further regions of Experience"), dementsprechend erscheinen sie einigen Menschen wie Engel, anderen Menschen jedoch wie Dämonen („Demons to some - Angels to Others"). Die als „Engineer" bezeichnete Entität, welche sowohl in der Romanvorlage als auch im ersten (als „Lumpenmann") und fünften Teil der Filmserie auftaucht, scheint im „Order of the Gash" über Pinhead zu stehen. Die in „The Hellbound Heart" ursprünglich vor religiös neutralem Hintergrund geschilderten Zenobiten erhielten durch die verschiedenen Verfilmungen rasch einen aus christlicher Sicht teuflischen Charakterzug.

Die Figur des *Pinhead* taucht in allen Hellraiserfilmen auf. Sie trat jedoch unter dem Namen „Pinhead" erst im zweiten Teil der Serie in Erscheinung, in der Romanvorlage ist er nur einer der „Cenobites". In der Verfilmung wird er im Abspann als „Lead Cenobite" aufgeführt.

Im zweiten und vor allem im dritten Film der Serie wird auf die Geschichte des Pinhead genauer eingegangen. Ehemals war Captain Elliot Spencer, so sein früherer Name, ein Offizier im Ersten Weltkrieg. Er öffnet während eines einsamen Rituals eine würfelförmige Puzzlebox. Die Lösung des Puzzles beschert dem von den Greueln des Krieges geplagten Mann eine Erweiterung des Daseins auf eine grausame und bizarre Art. Von den für die Hellraiser-Saga typischen Ketten in das Labyrinth des Leviathan gezogen, durchlebt Spencer eine körperliche Veränderung. Horizontale und vertikale Narben zieren fortan seinen aschfahlen, kahlen Schädel. An jedem ihrer Schnittpunkte wird ihm ein Nagel eingehämmert. Seitdem ist er Pinhead, der wohl berühmteste Zenobit, sein Konterfei ziert unzählige Poster, T-Shirts und sonstiges Merchandise.

Die Box

Der Würfel, auch als *Spieluhr*, *LeMarchand-Box* oder *Lament Configuration* (in etwa „Trauer-Einstellung") oder einfach *die Box* bezeichnet, taucht in allen Filmen der Serie auf. Der Würfel soll von dem französischen Spielzeugmacher Philip LeMarchand im Jahre 1749 hergestellt worden sein, über seine Beweggründe dafür entstanden unterschiedliche Geschichten. Er soll außer der *Lament Configuration* bis zu seinem angeblichen Verschwinden im Jahre 1811 noch andere Würfel entwickelt haben. Einige dieser Würfel tauchen in den Fortsetzungen zu Hellraiser auf, andere in Comics oder den Erzählungen von Fans. Zur Idee einer Box als Tor oder Tür und zu öffnendes Schloß zu einer anderen Dimension siehe auch Mechanische Geduldspiele, Vexier und unmögliche Figuren des M.C. Escher.

Fortsetzungen und Wirkungsgeschichte

Hellraiser gilt als Meilenstein des Horror-Kinos. Neben *Nightmare on Elm Street* war er einer der ungewöhnlichsten und auch erfolgreichsten Horrorfilme der 1980er Jahre. Clive Barker zeigte in der Verfilmung seines Romans *The Hellbound Heart* eine düstere, beklemmende Version von menschlichen Eigenschaften wie Moral oder Liebe, aber auch von Übersinnlichem und Übernatürlichem. Zu dem Film sind bis dato acht Fortsetzungen erschienen, teilweise direkt als Videoproduktionen ohne Kinoauswertung:

- *Hellbound – Hellraiser II* (1988)
- *Hellraiser III – Hell on Earth* (1992)
- *Hellraiser IV – Bloodline* (1996)
- *Hellraiser V – Inferno* (2000)
- *Hellraiser: Hellseeker* (2002)
- *Hellraiser: Deader* (2005)
- *Hellraiser: Hellworld* (2005)
- *Hellraiser: Revelations* (2011)

Wie es bei Filmserien üblich ist, schwanken Qualität und Anspruch der einzelnen Teile sehr stark. Bei vielen Fans gilt die erste Fortsetzung von 1988 (*Hellbound*) als Höhepunkt der Serie, da ein wesentlicher Teil der Handlung in der Dimension der Zenobiten spielt. Jedoch sehen es auch viele Fans als größten Schwachpunkt des zweiten Teils an, dass hier Zenobiten auf überaus plumpe Weise entmystifiziert werden.

Da *Bloodline* kommerziell floppte, entschloss man sich, die *Hellraiser*-Filme nicht mehr für das Kino zu produzieren, stattdessen werden die Filme direkt über Video und DVD vermarktet. Diese Fortsetzungen sind bei Fans und Kritikern recht umstritten, da die Zenobiten nur als Nebenfiguren auftreten und die Filme zum Teil eher im Mystery-Genre einzuordnen sind, als bei Horror oder Splatter.

Unter Kritikern und unter vielen Fans gilt *Inferno* als gelungenere Form dieser Filme, kann man ihn ohne Probleme als spannenden Mystery-Horror bezeichnen. In *Hellseeker* taucht noch einmal Kirsty Cotton aus den ersten drei Teilen auf, der Film verzichtet jedoch weitgehend auf das *Hellraiser*-typische Spiel mit dem Tabubruch. *Deader*, der siebte Teil der Serie, knüpft wieder an einige der typischeren Motive der Serie an, reizt diese jedoch kaum aus. Der achte Teil der Filmserie, *Hellworld*, sollte ursprünglich kein *Hellraiser*-Film werden; das zu dünne Drehbuch wurde jedoch um einige Motive angereichert, um den Film fast schon nachträglich zum Teil der Serie zu machen.

In dem 2011 erscheinenden Film *Hellraiser: Revelations* wird die Figur des Pinhead erstmalig in der Filmreihe nicht von Doug Bradley dargestellt.

Neben den Filmen wurde die Geschichte um die Zenobiten und die Spieluhren in Comics und auch durch Fans im Internet fortgeführt. Dabei wurde der in *The Hellbound Heart* zurückhaltend geschilderte Hintergrund um viele Details erweitert.

Verschiedenes

- Der Soundtrack zum ersten Teil der Serie wurde von der britischen Industrial-Band Coil eingespielt, von der Produktionsfirma des Films jedoch abgelehnt.
- Vor der Veröffentlichung des ersten *Hellraiser*-Films gab es lange Diskussionen über den Titel. Clive Barker schlug den Titel *Sadomasochists from beyond the Grave* (dt. *Sadomasochisten von jenseits des Grabes*) vor, eine Mitarbeiterin schlug sogar vor, den Film *What a Woman Will Do for a Good Fuck* (dt. *Was eine Frau für einen guten Fick tun wird*) zu nennen.
- Die letzten Worte von Andrew Robinson als Frank Cotton wurden von ihm improvisiert und in den Film übernommen. Es handelt sich um ein Bibelzitat aus Johannes 11:35 – „And Jesus wept." (Nach der Lutherübersetzung: „Und Jesus gingen die Augen über.") Diese Szene ist in den zensierten Versionen des Filmes herausgeschnitten worden.
- Der Würfel wird im Buch als schwarz und glatt beschrieben, nicht wie im Film mit goldenen Ornamenten verziert.

Literatur

- Clive Barker: *Das Tor zur Hölle. Hellraiser* (Roman, 126 S., Deutsch von Ute Thiemann), ISBN 3-453-05291-9, Heyne, München 1995 (5).
- Clive Barker: *Hellraiser* (Roman, 128 S., erste ungekürzte deutsche Ausgabe, Deutsch von Joachim Körber), ISBN 3-937897-17-8, Edition Phantasia, Bellheim 2006.
- Christian Heinreich: *An der Schwelle zum Anderen – intertextuelle Bezüge in Clive Barkers ›The hellbound heart‹ und dessen filmische Umsetzung in ›Hellraiser‹*, Dissertation (256 S.), Universität Innsbruck 2003.

Von „http://de.wikipedia.org/wiki/Hellraiser_%E2%80%93_Das_Tor_zur_H%C3%B6lle"

Hingerissen von einem ungewöhnlichen Schicksal im azurblauen Meer im August

Hingerissen von einem ungewöhnlichen Schicksal im azurblauen Meer im August ist der Titel eines Spielfilms der italienischen Regisseurin Lina Wertmüller aus dem Jahr 1974. Der Film erzählt die Geschichte einer Frau eines reichen Industriellen. Nach dem Kentern ihrer Yacht rettet sie sich mit einem kommunistisch gesinnten Matrosen auf eine unbewohnte Insel. Dort findet sie ihre erotische Erfüllung erst in der Zähmung durch den Matrosen. Die sich entwickelnde Beziehung weist deutliche BDSM-Bezüge auf.

Der Film ist der dritte einer Serie von vier Filmen, die Wertmüller zu Beginn der 1970er mit dem italienischen Schauspieler Giancarlo Giannini in der Hauptrolle drehte.

Sergio Corbucci drehte 1976 mit Robinson jr. eine Parodie über Wertmüllers Film. 2002 entstand unter der Regie von Guy Ritchie ein Remake des Films. In den Hauptrollen von *Stürmische Liebe – Swept Away* spielen Madonna und Adriano Giannini, der Sohn von Giancarlo Giannini.

Auszeichnungen

Piero Piccioni gewann im Jahr 1975 für die Filmmusik den Premi David di Donatello.

Von „http://de.wikipedia.org/wiki/Hingerissen_von_einem_ungew%C3%B6hnlichen_Schicksal_im_azurblauen_Meer_im_August"

Ichi the Killer

Ichi the Killer (jap. 殺し屋1, *Koroshiya 1*) ist eine kontroverse Verfilmung des gleichnamigen Mangas von Hideo Yamamoto aus dem Jahre 2001, unter der Regie von Takashi Miike.

Handlung

Der Film handelt von einem psychisch labilen und introvertierten jungen Mann namens Ichi, der von einer geheimnisvollen Person namens „Jijii" als blutrünstiger Killer missbraucht wird; Jijii bedient sich dabei der Manipulation, indem er Ichi suggeriert, dass es sich bei seinen Opfern um Personen handelt, die ihn in seiner Kindheit gedemütigt haben. Auf der anderen Seite gibt es den sadomasochistischen Yakuza Kakihara, der ihn jagt, nachdem Ichi am Anfang des Films dessen Boss umbringt.

Der Yakuza ist jedoch auch fasziniert von Ichis scheinbar kaltherziger Art, Menschen zu töten, und sucht bei ihm nach einem noch nie da gewesenen Höhepunkt seiner masochistischen Neigung. Als Kakihara auf Ichi trifft, merkt er allerdings, dass Ichi nicht seinen Vorstellungen entspricht.

Am Ende wird Kakihara von Ichi getötet, und Jijii befindet sich erhängt an einem Baum, Ichis weiteres Schicksal bleibt ungewiss.

Rezeption

Vor allem durch seine explizite Gewaltdarstellung erlangte der Film weltweite Bekanntheit und hat in der Zwischenzeit eine große Fangemeinde gewonnen. Er beschäftigt sich mit dem Thema des Sadomasochismus und vermischt dieses mit dem Yakuza-Filmgenre.

Fassungen

In vielen Ländern, in denen dieser Streifen vertrieben wird, erschien eine gekürzte Fassung davon. Die Schnitte variieren zwischen 3 und 17 Minuten. Nicht einmal in Hongkong soll der Film in seiner vollen Länge vertrieben werden. In Japan ist allerdings eine ungekürzte Fassung auf DVD erschienen, die ca. 129 Minuten (allerdings nach NTSC-Standard) lang ist. Diese Laufzeit entspricht etwa 123 Minuten der hierzulande üblichen PAL-Geschwindigkeit. Aber auch in den USA oder in mehreren benachbarten EU-Staaten gibt es ungekürzte DVDs von *Ichi the Killer* zu kaufen.

Mitte Juni 2005 wurde der Film in Deutschland auf DVD mit ca. 110 Minuten Lauflänge (Altersfreigabe: FSK *keine Jugendfreigabe*) veröffentlicht. Diese DVD ist im Gegensatz zu den ungekürzten PAL-Versionen, wie sie in einigen anderen europäischen Ländern angeboten werden, um ungefähr 13 Minuten geschnitten. Diese Fassung ist seit dem 31. Dezember 2005 indiziert.

Mitte Dezember 2006 wurde von Raptor Film Entertainment eine ungekürzte Version des Films veröffentlicht, die von der BPjM als strafrechtlich relevant eingestuft wurde. Am 30. Mai 2008 erging schließlich ein bundesweiter Beschlagnahmebeschluss für die Raptor-Fassung wegen Verstoßes gegen § 131 StGB.

Kritik

„Bei ihm geht es nicht mehr um heroische Heldentaten. Sein Ichi ist geradezu eine Karikatur eines Rächers. [...] ICHI THE KILLER ist einer der umstrittensten Filme Takashi Miikes, der bereits mit Werken wie AUDITION oder VISITOR Q zu schocken wusste. Anders als bei seinem japanischen Regiekollegen Takeshi Kitano werden hier Menschen nicht einfach erschossen und sind dann tot, sondern sie werden regelrecht gefoltert, zerstückelt und entsorgt. Diese Gewaltexzesse sind allerdings schon wieder so übertrieben, absurd und unrealistisch in ihrer Brutalität, dass eine Identifikation des Zuschauers mit den Hauptfiguren nicht mehr stattfindet."

– Nana A.T. Rebhan auf Arte

Thematisch verwandte Filme

Im Jahr 2002 erschien ein Anime mit dem Titel *Koroshiya-1 Episode 0*, der die Geschichte von Ichis Kindheit ausführlich erzählt. 2003 erschien ein Prequel zu *Ichi the Killer* mit dem Titel *1 - Ichi*, der die Jugend von Ichi behandelt.

Manga

Die Vorlage zum Film bietet der gleichnamige Manga des japanischen Zeichners Hideo Yamamoto, dessen 101 Kapitel umfassendes Werk im Young Sunday-Magazin des Shōgakukan-Verlages erschienen ist.

Nicht zuletzt wegen der extremen Gewaltdarstellung ist der Manga nie außerhalb Japans erschienen.

Der Manga unterscheidet sich in Details inhaltlich von seiner filmischen Übersetzung. Die von Kakihara gerufenen Zwillingsbrüder haben im Manga beispielsweise eine wesentlich tragendere Rolle.

Auch haben hier viele Charaktere ein völlig anderes Aussehen als in der Verfilmung.

So hat Kakihara tiefschwarze Haare

Im Reich der Sinne

Im Reich der Sinne (jap. 愛のコリーダ, *Ai no korīda*, dt. „Stierkampf – span. *corrida* – der Liebe") ist der wohl bekannteste Film des japanischen Regisseurs Nagisa Ōshima, er sorgte bei seinem Erscheinen für einen Skandal. Der Film handelt von einer wahren Begebenheit um Abe Sada im Jahr 1936.

Handlung

Kichizō ist der Besitzer eines Geisha-Hauses, in dem Abe Sada als Dienerin und Prostituierte arbeitet. Zwischen den beiden entwickelt sich eine leidenschaftliche Beziehung. Kichizō verlässt schließlich seine Familie, um ganz bei Sada zu sein - mehr und mehr verfällt er ihr.

Abgeschottet von der Außenwelt geben sich die beiden ganz der grenzenlosen sexuellen Begierde hin. Gemeinsam tauchen sie immer tiefer ein in die Welt von Leidenschaft, bis hin zum Lustschmerz. Ihre Lust bricht mit sämtlichen Tabus und führt schließlich zu Kichizōs Tod: Sada tötet ihn auf seinen Wunsch hin beim Liebesakt. Der Film endet mit seiner Kastration.

Die Geschichte des Films beruht auf einer realen Begebenheit, die sich so ähnlich 1936 in Japan zugetragen hat.

Erstaufführung

Nagisa Ōshima drehte in Tokio, musste das Filmmaterial allerdings zur Entwicklung und Fertigstellung nach Paris schicken, „*weil kein japanisches Laboratorium es anzurühren wagte*" (David Robinson).

Als das fertige Werk bei der Berlinale 1976 in Berlin gezeigt werden sollte, kam es zum Eklat. Die Staatsanwaltschaft beschlagnahmte den Film als „harte Pornografie". Schon ein Jahr später wurde er allerdings ungekürzt freigegeben und erhielt von der Filmbewertungsstelle das Prädikat „besonders wertvoll". 1978 kam der Film in Deutschland bundesweit in die Kinos. In Japan dagegen gab es nur eine stark gekürzte Version zu sehen.

Trotz eindeutiger Szenen und Aufnahmen gilt „Im Reich der Sinne" nicht als pornographischer Film. Es sei vielmehr die Geschichte einer Beziehung, in deren Verlauf sich die Personen verändern und nach und nach den Bezug zum Alltag verlieren. Kichizo, der Arbeitgeber und zu Anfang der Fordernde, unterwirft sich immer mehr. Sada, die Dienerin und Untergebene, übernimmt die Führung und treibt die beiden mit zunehmend extremeren sexuellen Wünschen dem tragischen Ende entgegen.

Kritiken

- Lexikon des Internationalen Films: *Oshima verzichtet sowohl auf narrative Ausschmückung der Handlung als auch auf psychologische Motivation der Figuren. Statt dessen beschreibt der Film in äußerster ästhetischer Reduktion die menschliche Sexualität als eine nicht kontrollierbare, in letzter Konsequenz zerstörerische Kraft.*
- Richard Eder spricht dem Film in der New York Times die Eigenschaft als Kunstwerk ab, in dieser Hinsicht sei er ein klarer Fehltritt (*blunder*). Wenn der barbarische Akt am Ende auch der Logik der Handlung entspreche, so entbehre er jedoch jeder emotionalen Rechtfertigung.

Hintergrund

- Der Film war offiziell eine französische Produktion und wurde auch in Frankreich geschnitten, um die japanischen Zensurvorschriften zu umgehen. Bei der Übersetzung ins Englische unterlief jedoch ein Fehler. Der französische Titel lautet *L'empire des sens*. Der amerikanische Übersetzer nahm an, dass das im Produktionsmaterial vorangestellte, sich eigentlich auf die Mitwirkenden des Films beziehende französische *Dans* Teil des Titels sei, und übersetzte es mit *In the*. Der sich so ergebende englische Titel *In the Realm of the Senses* diente dann häufig als Vorlage weiterer nationaler Titelbezeichnungen, auf Deutsch beispielsweise *Im Reich der Sinne*.
- Eine frühere, filmische Umsetzung der auf Tatsachen basierenden Geschichte erschien unter dem Titel *Die Geschichte der Abe Sada* (*Jitsuroku Abe Sada*). Regisseur war Noboru Tanaka. Auch in einer Episode von Teruo Ishiis Episodenfilm Meiji, Taishō, Shōwa: Ryōki Onna Hanzaishi wird der Fall thematisiert.

Von „http://de.wikipedia.org/wiki/Im_Reich_der_Sinne"

Jess Franco

Jess Franco

Jess Franco (* 12. Mai 1930 in Madrid; mit vollem Namen: *Jesús Franco Manera*) ist ein spanischer Regisseur, Drehbuchautor, Filmemacher und Schauspieler. Franco genießt auf Grund seiner teils um sadomasochistische und surrealistische, in späteren Jahren auch um pornographische Elemente angereicherten Horrorfilme bei bestimmten Cineasten Kultstatus.

Im Juni und Juli 2008 widmete ihm die Cinémathèque française eine große Werkschau. Am 1. Februar 2009 erhielt er in Madrid den Ehren-Goya (das spanische Äquivalent zum Oscar) für sein Lebenswerk.

Leben

Seit 1952 arbeitet Jess Franco beim Film: Erst als Filmkomponist und Regieassistent, ab 1957 als Regisseur. Meist steuerte er zu seinen Filmen das Drehbuch bei und spielt eine Nebenrolle. Zunächst drehte er allerdings Kurzfilme und sein Film *Estampas guipuzcoanas número 2: Pío Baroja* erhielt 1960 den Preis für den besten spanischsprachigen Kurzfilm auf dem San Sebastián International Film Festival. Häufig arbeitete er mit den Produzenten Artur Brauner, Erwin Dietrich und Marius Lesoeur zusammen.

Jess Franco ist in allen Bereichen des Genrefilms zuhause. Anfangs drehte er vor allem spekulative Horrorfilme, Psycho-Thriller und Krimis. In den Siebzigerjahren mischte er immer mehr Erotikanteile in seine meist von Obsessionen und psychischen Abgründen bestimmten Stoffe. Diese sowie seine immens hohe Produktionszahl rückten ihn in die Nähe der seinerzeit ebenfalls sehr populären Groschenheftroman-Kultur. Franco griff dabei immer wieder auch auf die erotische und schauerromantische Trivialliteratur des 19. Jahrhunderts zurück. Zumindest den Titeln nach siedeln viele seiner Filme in der Nähe von Oscar Wilde, Leopold von Sacher-Masoch und anderen. Die zunehmend liberale Handhabung von Pornografie gestattete es Franco schließlich auch, entsprechende Szenen in seine Filme einzubauen. In den späten Siebzigerjahren arbeitete er im Splatter-, Zombie- und Pornofilm-Genre, in den Achtzigerjahren folgten damals populäre Actionfilme und reine Hardcore-Pornos.

Bekannt wurde Franco auch durch seine Frauengefängnisfilme. Sein erster Film dieses Genres (*Der heiße Tod*) war im Frühjahr 1969 insbesondere in den USA ein großer kommerzieller Erfolg und zog eine Reihe filmischer Nachahmer nach sich.

Einige seiner Filme wurden von anderen Regisseuren bearbeitet und unter neuem Titel veröffentlicht: So wurde *Christina, princesse de l'érotisme* von Jean Rollin um einige Szenen erweitert und in *Eine Jungfrau in den Krallen von Zombies* bzw. *Zombie 4* umgetitelt. *Frauengefängnis 2* (*Les Gardiennes du penitencier*, 1979) von Alain Deruelle und Julio Pérez Tabernero besteht zum größten Teil aus Szenen von Jess Francos Film *Frauengefängnis*.

Privat war Franco mit der Schauspielerin *Nicole Guettard* verheiratet, bis er seine heutige Lebensgefährtin und oftmalige Hauptdarstellerin Lina Romay 1972 kennenlernte; auch sie heiratete er später.

Filmografie

Jess Franco wirkte an über 200 Filmen mit. Die Filmografie ist zweigeteilt in Filme, in denen er Regie führte und Filme mit anderen Beteiligung (als Darsteller, Drehbuchautor etc.). Fremdsprachige Originaltitel stehen in Klammern.

Pseudonyme

Jess Franco verwendete in seiner Karriere rund 40 Pseudonyme. Einige Pseudonyme sind Namen bereits verstorbener Jazz-Musiker (oder ihnen entlehnt), wie Clifford Brown oder James P. Johnson.

Liste der Pseudonyme: Joan Almirall, Clifford Brown, Clifford Brown Jr., Juan G. Cabral, Terry De Corsia, Raymond Dubois, Chuck Evans, Dennis Farnon, Jess Franck, Jess Franco, Adolf M. Frank, Anton Martin Frank, Jess Frank, John Frank, Wolfgang Frank, James Gardner, Sam Gardner, Robert Griffin, Lennie Hayden, Frank Hollmann, J. P. Johnson, James Lee Johnson, James P. Johnson, David J. Khune, David Khune, D. Khunne, D. Khunne Jr., David Khunne, David Kuhne, Frank Manera, Jeff Manner, Roland Marceignac, Tawer Nero, Cole Polly, Preston Quaid, Pierre Queret, P. Querut, Lowel Richmond, Dan L. Simon, Jean-Jacques Tarbes, Joan Vincent

Hier noch ein Überblick über Namen, die oft fälschlicherweise als Pseudonyme von Jess Franco ausgewiesen werden (mit Angabe ihrer tatsächlichen Zuordnung):

- Rosa María Almirall (= Pseudonym und Geburtsname seiner langjährigen Muse und Partnerin Lina Romay)
- Betty Carter (= Pseudonym für Lina Romay)
- Candy Coster (= Pseudonym für Lina Romay)
- Rick Deconinck oder Richard de Conninck (= Bigotini, Darsteller und Regieassistent)
- Manfred Gregor (= Drehbuch-Pseudonym des Produzenten Erwin C. Dietrich)
- Lulu Laverne (= weiteres Pseudonym für Lina Romay)
- Marius Lesoeur (= Name eines französischen Produzenten)
- A. L. Mariaux (= Pseudonym des Produzenten Marius Lesoeur)

- John O'Hara (= Pseudonym des Regisseurs José Jara)
- Claude Plaut (= Pseudonym des Schauspielers Olivier Mathot, stellte seinen Namen für Franco-Filme von Erociné zur Verfügung, aus gewerkschaftlichen Gründen - französische Filme sollten von Franzosen sein!)
- Michael Thomas (= Regie-Pseudonym des Produzenten Erwin C. Dietrich)
- Pablo Villa (= Pseudonym des Komponisten Daniel J. White, die Copyrights der Musik ist oftmals jedoch auf Daniel White und Jésus Franco gemeldet)
- Daniel J. White (= Name eines Komponisten, der häufig die Musik zu Francos Filmen schrieb)

Literatur
- Benedikt Eppenberger, *Mädchen, Machos und Moneten. Die unglaubliche Geschichte des Schweizer Kinounternehmers Erwin C. Dietrich.* Mit einem Vorwort von Jess Franco. Msw Medien Service Wuppertal, 2006, ISBN 3-033-00960-3
- Andreas Bethmann, *Jess Franco Chronicles*, Medien P&W GmbH, 1999, ISBN 3-931608-26-3
- Jess Franco, *Memorias del tío Jess*, 2004, Autobiografie (Spanisch)
- Stéphane du Mesnilot, *Jess Franco - Énergies du fantasme*, 2004 (Französisch)
- Alain Petit, *Manacoa Files* (1994-1999, Französisch)
- Lucas Balbo, Peter Blumenstock, Christian Keßler, Tim Lucas, Graf Haufen *Obsession - The Films of Jess Franco*, 1993. ISBN 3-929234-05-X
- Tim Lucas, *How to Read a Franco Film*, in *Video Watchdog n. 1* (1990)
- Das Buch *Immoral Tales: European Sex & Horror Movies 1956-1984*, 1994 von Cathal Tohill und Pete Tombs widmet Franko ein eigenes Kapitel.
- Marcus Stiglegger: *Sadiconazista. Faschismus und Sexualität im Film* Gardez! Verlag, 2000 ISBN 3-89796-009-5
- Marcus Stiglegger: *Sadiconazista – Stereotypisierung des Holocaust im Exploitationkino*, unter ikonenmagazin.de

Von „http://de.wikipedia.org/wiki/Jess_Franco"

KinK

KinK ist eine kanadische für das Fernsehen entwickelte Dokumentarfilmserie, die zum ersten Mal im April 2001 auf dem kanadischen Kabelsender Showcase landesweit ausgestrahlt wurde. Die Serie läuft dort gegenwärtig in ihrer 5. Season. Sie ist die weltweit erste Serie zum Thema BDSM.

Im Mittelpunkt der Serie stehen Menschen, die sich auf unterschiedliche Weise mit dem Themen BDSM und sexueller Fetischismus auseinandersetzen. Die Serie schildert in ihren einzelnen Seasons jeweils die entsprechenden Subkulturen von Vancouver, Toronto, Québec, Montreal und Winnipeg. Die fünfte Season spielt in Halifax und wurde erstmals im September 2006 ausgestrahlt. KinK wird von der in Vancouver ansässigen Firma *Paperny Films* produziert.

Konzept

Die Serie beleuchtet bestimmte Aspekte im Sexualleben unterschiedlicher Menschen, hierzu begleitet sie in jeder Folge zwei oder drei Personen bzw. Paare durch ihr Alltagsleben und dokumentiert, wie sich dieses in Wechselwirkung mit den jeweiligen Präferenzen entwickelt. Während die ersten Staffeln Lebenssituationen in einem urban geprägten Umfeld darstellen, gehen spätere auf das Leben in ländlicheren Regionen ein.

Seasons
- Season I 2001, Handlungsort: Vancouver (13 × 30 min (Showcase))
- Season II 2002, Handlungsort: Toronto (13 × 30 min (Showcase))
- Season III 2003, Handlungsort: Québec (13 × 30 min (Showcase))
- Season IV 2005, Handlungsort: Winnipeg (11 × 30 min (Showcase))
- Season V 2006, Handlungsort: Halifax (11 × 30 min (Showcase))

Auszeichnungen

Die vierte Season der Serie wurde als beste Dokumentationsserie im April 2006 für den *Golden Sheaf Award* des *Yorkton Short Film and Video Festival 2006* nominiert.

Hintergründe
- Die Serie wurde auf Digibeta produziert.
- Einige der Portraitierten äußerten im Nachhinein Sorge, in ihrem sozialen Umfeld auf Ablehnung zu stoßen.

Von „http://de.wikipedia.org/wiki/KinK"

Manderlay

Manderlay ist ein Spielfilm des dänischen Regisseurs Lars von Trier aus dem Jahr 2005. Das Drama ist der zweite Teil von Von Triers *Amerika-Trilogie*, die mit *Dogville* (2003) begann und mit dem Film *Wasington* abgeschlossen werden soll (der letzte Teil war eigentlich für das Jahr 2009 geplant, wurde aber noch nicht fertiggestellt). Der Film wurde von mehreren Filmstudios produziert, darunter Zentropa Entertainment, Film i Väst und Memfis Film & Television und startete am 10. November 2005 in den deutschen Kinos.

Handlung

Die USA, im Jahre 1933: Grace Margaret Mulligan und ihr Vater lassen das bis auf die Grundmauern abgebrannte Dorf Dogville hinter sich und machen sich auf den Heimweg nach Denver. Während ihrer Abwesenheit haben jedoch konkurrierende Gangster die Geschäfte übernommen. Graces Vater und seine Handlanger haben deshalb den gesamten Winter über mit der Aufgabe verbracht, nach einem neuen Gebiet Ausschau zu halten, wo die Gruppe sesshaft werden kann. Durch Zufall stoppt ihr Wagen im US-Bundesstaat Alabama vor einem großen verschlossenen Eisengatter, hinter dem sich das Anwesen *Manderlay* befindet.

Als die Gruppe im Begriff ist, nach einer kurzen Pause aufzubrechen, rennt eine junge Schwarze auf das Auto zu und bittet um Hilfe. Grace verlässt entgegen der Anweisung ihres Vaters den Wagen und folgt der jungen Frau durch das Tor von Manderlay. Hier trifft Grace auf eine Gruppe von Menschen, die so lebt, als wäre die Sklaverei vor siebzig Jahren niemals abgeschafft worden, mit weißen Herren und schwarzen Sklaven, die auf den Baumwollfeldern der Plantage arbeiten müssen. Grace beschließt einzugreifen.

Für Grace bietet sich dort ein unfassbares Bild. Ein junger Schwarzer, Timothy, ist zwischen zwei Zaunpfosten angebunden worden und wird von einem weißen Aufseher ausgepeitscht. Grace gibt ihm die Anweisung, damit aufzuhören, um kurze Zeit später mit der Besitzerin der Plantage konfrontiert zu werden: eine alte Lady, bekannt als *Mam*, die eine Schusswaffe auf Grace richtet. Die Handlanger ihres Vaters retten sie jedoch aus dieser brenzligen Situation. Wie sich kurze Zeit später herausstellt, ist Mam sehr schwach und im Begriff zu sterben. In ihrem Schlafzimmer bittet sie Grace, zum Schutz von Manderlays Bewohnern, ein altes Buch zu vernichten, das sie unter ihrer Matratze versteckt hält. Grace weigert sich aber, dieser Bitte nachzukommen. Mam stirbt und Grace findet heraus, dass die Plantage nach diesem handgeschriebenen Buch geführt wurde, *Mams Gesetz*, das einen Verhaltenskodex und eine Beschreibung der Sklaven auf Manderlay zum Inhalt hat.

Grace sieht sich bald in der Pflicht, das den Sklaven durch die Weißen widerfahrene Unrecht wieder gut zu machen. *„Wir brachten sie hierher, missbrauchten sie, machten sie zu dem, was sie sind"*, entgegnet sie ihrem Vater und beschließt in Manderlay zu bleiben, bis die nunmehr ehemaligen Sklaven ihre erste eigene Ernte eingeholt haben. Graces Vater hält von ihrer Idee gar nichts und beschließt Manderlay ohne sie zu verlassen. Zu ihrer Unterstützung lässt er ihr aber fünf seiner Handlanger vor Ort. In der Folge übernimmt Grace eifrig die Aufgabe, das Vertrauen der Schwarzen zu gewinnen. Anstatt viel Kraft und Einsatz aufzuwenden, geht sie geduldig und passiv vor, den Bewohnern von Manderlay den Demokratiegedanken und die Selbstverwaltung allmählich näher zu bringen.

Mams Erben sind unglücklich mit der neuen Lage, da sie für ein Jahr auf den Status ihrer ehemaligen Sklaven zurückgesetzt sind. Danach erst können sie bleiben oder gehen, wie ihnen beliebt. Für die Schwarzen ist die neugewonnene Freiheit ungewohnt. Nur mühsam gelingt es Grace, sie von der Notwendigkeit der Bestellung der Felder und der Reparatur der Unterkünfte zu überzeugen. Grace schlägt das Fällen der Bäume im *Garten der alten Lady* vor, um an Bauholz zu kommen. Da sich aber die Aktivitäten hinschleppen, zwingt Grace die Schwarzen mit Hilfe der Gangster zu Unterrichtsstunden in Sachen Demokratie, wobei sogar über die Uhrzeit abgestimmt wird.

Nur Timothy scheint nicht viel Gefallen an der neuen Situation zu finden und kann die Begeisterung von Grace nicht teilen. Trotzdem fühlt sich Grace von ihm angezogen, hat sogar erotische Phantasien. Man sagt, Timothy habe eine adlige Abstammung. Er gehöre zum stolzen Stamm der Munsi.

Aber die Natur meint es nicht gut mit Manderlay – die Baumwollpflanzen werden durch einen Sandsturm verschüttet, da die schützenden hohen Bäume im *Garten der alten Lady* abgeholzt worden waren. Auch ist der Sand in die Vorratskammern eingedrungen und hat fast alle Vorräte unbrauchbar gemacht. Die Bewohner der Plantage sind von einer Hungersnot bedroht. Auch die bei Grace verbliebenen Gangster sind untätig und unzufrieden. Die Lage auf Manderlay verschlechtert sich zusehends und seine Bewohner müssen sich – um nicht zu verhungern – von Erde ernähren.

Die Situation auf der Plantage spitzt sich zu, als die erkrankte Claire, die Tochter von Jack und Rose, zwei ehemaligen Sklaven, tot in ihrem Bett aufgefunden wird. Obwohl Claire die einzigen Fleischrationen bekommen hatte, scheint sie an Unterernährung gestorben zu sein. Es stellt sich heraus, dass die alte Wilma, selbst vom Hunger erschöpft, der Versuchung erlag, Claires Rationen durch das offene Fenster zu stehlen, während die Familie schlief. Die Gemeinschaft muss sich daraufhin einigen, wie sie Wilma bestrafen soll. Als die Mehrheit gegen Graces Meinung beschließt, dass Wilma sterben soll, bürdet sich Grace die schwere Last auf und entscheidet, das Urteil selbst zu vollstrecken.

Aber noch geben die Bewohner von Manderlay nicht auf. Motiviert durch Timothy, beginnen sie die Baumwollpflanzen wieder freizulegen. Eine Ernte könnte noch möglich sein. Sie ist die einzige Hoffnung. Tatsächlich gelingt es, die Ernte einzufahren und sie zu einem guten Preis zu verkaufen. Diese Erfahrung führt sogar zur Integration der ehemaligen weißen Herren in die Gruppe. Die Gangster werden nicht mehr gebraucht und verlassen Manderlay. Grace verbringt die Nacht nach der großen Feier mit Timothy.

Am nächsten Tag aber findet sie das Anwesen im Chaos vor. Das Erntegeld ist verschwunden. Der mutmaßliche Täter, ein Mitbewohner, wurde erschlagen, auch Elizabeth ist tot. Bald stellt sich heraus, dass Timothy das Geld verspielt hat, und, dass er gar nicht zum stolzen Stamm der Munsi gehört. Hat Grace nur in ihm gesehen, was sie sehen wollte? Offensichtlich. Sie hat Mams Gesetz nicht genau gelesen, eine Warnung vor Timothys Charakter völlig übersehen.

Nach genauerem Studium erkennt Grace, dass Mams Gesetz vor allem dazu da war, den Status quo nach dem offiziellen Ende der Sklaverei beizubehalten. Die psychologischen Profilbeschreibungen der Sklaven und sehr genauen Anweisungen ermöglichten dessen Fortbestand, der nicht nur negative Seiten hatte. Er sicherte den Sklaven eine gewohnte Lebensweise in einem Land, das den Schwarzen nach wie vor ablehnend gegenüberstand. Freiheit kann auch eine Last sein. Überrascht erfährt sie, dass Wilhelm Mams Gesetz verfasst hat und das teilweise mit dem Wissen der anderen Schwarzen.

Unter dem Eindruck der Ereignisse beschließen die Schwarzen eine Rückkehr zu den alten Verhältnissen, und dass Grace ihre neue Mam sein soll. Grace ist damit nicht einverstanden, wird jedoch dazu gezwungen.

Grace lässt ein Stück Zaun herausnehmen und Timothy daran festbinden, um ihn dafür auszupeitschen, dass er das Geld, das sie für die Baumwollernte bekommen haben, verspielt hat. Sie plant, während der Bestrafung durch die Lücke im Zaun zu fliehen und am Tor ihren Vater zu treffen, der sein Kommen für diese Zeit angemeldet hatte, aber nur eine Viertelstunde auf ihre Entscheidung warten will, ob sie mit ihm kommen wolle. Timothy hält Grace jedoch ihre eigenen Worte vom Anfang vor, die Afroamerikaner und deren Situation seien alleinige Schöpfungen der Weißen, was Grace dazu bringt, voll Wut selbst die Peitsche zu nehmen und auf Timothy einzuschlagen. Vor dem Tor findet sie später eine Nachricht ihres Vaters, den sie um Minuten verpasst hat, weil die mehrheitlich gewählte Uhrzeit von Manderlay nicht mit der Zeit außerhalb übereinstimmte. Er habe die Auspeitschung beobachtet und sei zufrieden, dass seine Tochter das Anwesen so gut im Griff habe. Er habe sich nur gefragt, warum sie ihm geschrieben hatte, dass eine „neue Zeit" in Manderlay angebrochen sei...

Zum Schluss flieht Grace von Manderlay und aus dem Bundesstaat Alabama. Der Film endet mit sarkastischen Bemerkungen des Erzählers über die offene Haltung Amerikas gegenüber Schwarzen. In der Abspannsequenz sind Originalfotos aus der Geschichte des Rassismus in den USA zu sehen, unter anderem von Mitgliedern des Ku-Klux-Klan, von Demonstrationen und polizeilicher Gewalt gegen Schwarze, von Martin Luther King, sowie zahlreiche weitere Bilder, die u.a. Lebenssituationen Schwarzer in den USA wiedergeben.

Entstehungsgeschichte und Interpretation

Nicole Kidman, die in *Dogville* die wiederkehrende Hauptfigur der Grace Margaret Mulligan porträtierte, wird in *Manderlay* durch die junge US-amerikanische Schauspielerin Bryce Dallas Howard ersetzt. Der Australierin war es aufgrund von Terminkonflikten nicht möglich, an Lars von Triers zweitem Teil seiner Amerika-Trilogie mitzuwirken, soll aber voraussichtlich im dritten Teil, *Wasington*, den Part der Grace wieder übernehmen. Ebenso wurde die Rolle von Graces Vater neu besetzt. Während im ersten Teil James Caan in die Rolle des mysteriösen Gangsterbosses schlüpfte, übernimmt in *Manderlay* Willem Dafoe den Part. In weiteren Nebenrollen sind Lauren Bacall, Željko Ivanek, Chloë Sevigny, Udo Kier, Jeremy Davies und Jean-Marc Barr zu sehen, die auch schon im ersten Teil Rollen bekleideten. Dem Erzähler leiht erneut der britische Schauspieler John Hurt seine Stimme.

Wie auch Dogville, basiert *Manderlay* auf einem Original-Drehbuch Von Triers, das der Däne verfasste, obwohl er noch nie in seinem Leben die USA bereist hat. Dieser Punkt wird vor allem in den USA kritisch angemerkt. Während Lars von Trier bei *Dogville* seine Ideen aus Bertolt Brechts *Dreigroschenoper* schöpfte, amerikanisierte er bei der Arbeit an dem Skript zu *Manderlay* erneut einen ausländischen Stoff. Der Name *Manderlay* für einen herrschaftlichen Landsitz ist in leicht variierter Schreibweise dem von Alfred Hitchcock verfilmten Roman Rebecca von Daphne du Maurier entlehnt; die Szene am verschlossenen Tor des Landguts spielt auf die Schlusssequenz des Hitchcock-Klassikers an. Als Quelle der Inspiration diente ferner der Roman *Geschichte der O*, den die französische Schriftstellerin Pauline Réage unter Pseudonym 1954 veröffentlichte. Der sadomasochistische Roman ist eine weibliche Unterwerfungsfantasie über eine Pariser Mode-Fotografin, die freiwillig und mit großer Leidenschaft einen Ort aufsucht, an dem sie durch Gewalt sexuell dominiert und unterworfen wird und daraus schließlich ihre sexuelle Befriedigung schöpft. Von Trier ließ sich bei seiner Arbeit auch von einer wahren Begebenheit beeinflussen, die sich 1838 auf der Karibik-Insel Barbados zutrug. Schwarze Sklaven, die durch das Gesetz für frei erklärt wurden, baten ihren ehemaligen Master, sie erneut in seine Dienste zu stellen. Als dieser sich weigerte, wurde er mitsamt seiner Familie getötet. Die ehemaligen Sklaven zogen wieder zurück in ihre alten Quartiere und verrichteten ihre Arbeit, als wäre nichts geschehen.

Wie auch der erste Teil, spielt *Manderlay* in einer minimalistischen Theaterdekoration. Bis auf das majestätische Herrenhaus sind nur vereinzelt im Szenenbild Requisiten verwendet worden. Häuser oder Straßen werden mit Kreidezeichnungen am Boden angedeutet.

Lars von Trier selbst über den Film: *„Ich bin kein Repräsentant der politischen Korrektheit und will es auch nicht sein, sondern setze einen Kontrapunkt gegen den Idealismus, der selbst Menschen mit den besten Absichten in die Irre führen kann. In "Manderlay" sind weiße wie schwarze Charaktere dumm und unfähig, die Situation wirklich zu verändern oder sie auch nur zu begreifen. Es gibt bei mir keine unfehlbaren Helden, sondern nur Individuen, die nicht aus ihrer Haut herauskönnen."* Eine direkte Verbindung zu aktuellen politischen Ereignissen will er nicht herstellen.

Gedreht wurde *Manderlay*, wie schon Von Triers vorangegangene Werke *Dancer in the Dark* und *Dogville*, in der schwedischen Stadt Trollhättan. Die Dreharbeiten begannen am 1. März 2004 und kosteten geschätzte 11,8 Mio. Euro (14,2 Mio. US-Dollar).

Kritiken

- *„Im Gegensatz zu Dogville lässt einen das Gezeigte ... erstaunlich kalt, die emotionalen Extremmomente, für die von Trier berüchtigt ist, fehlen trotz einer Fast-Vergewaltigung weitgehend. Das liegt nicht zuletzt an Howard, die zwar solide spielt, aber einfach keine Kidman ist. Lars von Trier überrascht uns somit einmal mehr – mit seinem ersten langweiligen Film." (Basellandschaftliche Zeitung)

- „Am anstrengendsten ... ist die besserwisserisch lehrerhafte Haltung Lars von Triers, die in der Geschichte permanent durchblitzt. Wie eine Erlösung wirkt deshalb nach ca. 130 Minuten die Abspannmusik David Bowies mit seinem Song ‚Young Americans', die auch schon in ‚Dogville' im Abspann zu hören war." (Arte)

Anmerkungen

- Der US-amerikanische Schauspieler John C. Reilly hatte ursprünglich für die Rolle des Dr. Hector unterzeichnet, wurde jedoch während der Produktion durch den Slowenen Željko Ivanek ersetzt. Ein Esel kam während der Dreharbeiten zu Tode und das US-amerikanische Magazin *Entertainment Weekly* berichtete, dass dies der Grund für Reillys Ausstieg aus dem Projekt gewesen sei, obwohl sich der Schauspieler nie öffentlich über die Gründe äußerte. Der Executive Producer Peter Aalbæk Jensen sagte schwedischen Medien gegenüber: „die Menschen sollten sich nicht daran stören – stattdessen sollten sie an die Situation in der Dritten Welt denken." Bei den Dreharbeiten wurde nicht das schwedische Gesetz verletzt, nach dem Tiere in Filmproduktionen getötet werden dürfen, so lange ein Tierarzt die Tötung vornimmt. Regisseur Lars von Trier nahm später die Szene aus dem Film, um Protesten von Tierschutzorganisationen zuvor zu kommen. Der Regisseur sagte, er wollte nicht die Aufmerksamkeit vom Inhalt des Films ablenken.
- Von den zwölf im Film porträtierten Sklaven, wurden neun durch britische Schauspieler besetzt, da afroamerikanische Schauspieler aufgrund des brisanten Plots dem Projekt fern blieben.
- Danny Glover lehnte die Rolle des Wilhelm zunächst ab.
- Als Vibeke Wendeløv für das Casting von *Manderlay* in die USA reiste, bekam sie den Tipp, dass Danny Glover möglicherweise an einer Zusammenarbeit mit Lars von Trier interessiert sein könnte. Sie flog sofort nach Salt Lake City, um sich mit Glover in einem Hotel zu treffen. Nach einem langen Gespräch über das Projekt und dem Ansehen des Films *Dogville* auf DVD sagte er zu, in *Manderlay* eine Rolle zu übernehmen.
- In der deutschsprachigen Übersetzung des Filmes übernahm den Part des Erzählers der Schauspieler Peter Fricke, der diesen bereits in Dogville sprach.

Nachweise

Auszeichnungen

Manderlay feierte seine Premiere, wie schon Von Triers vorangegangene Werke *Breaking the Waves* (1996), *Dancer in the Dark* (2000) und *Dogville* (2003), am 16. Mai 2005 bei den Internationalen Filmfestspielen von Cannes. Der Film lief im Wettbewerb, unterlag jedoch dem Drama *Das Kind* des belgischen Brüderpaares Luc und Jean-Pierre Dardenne. Ende Oktober gewann der Film beim Internationalen Filmfestival von Valladolid den Sonderpreis gemeinsam mit Michael Hanekes Thriller *Caché*.

- Internationale Filmfestspiele von Cannes 2005:

nominiert für die Goldene Palme als bester Film

- Internationales Filmfestival von Valladolid 2005:

Sonderpreis

Von „http://de.wikipedia.org/wiki/Manderlay"

Mango Kiss

Mango Kiss ist ein US-amerikanischer Liebesfilm der Regisseurin Sascha Rice aus dem Jahr 2004. Die Komödie schildert die Erlebnisse der beiden Freundinnen Lou und Sassafras, die sich ineinander verlieben und auf einer Reise nach San Francisco in die dortige lesbische BDSM-Szene eintauchen.

Handlung

Lou verliebt sich überraschend in ihre beste Freundin Sassafras, aber noch bevor sie sich ihrer Freundin offenbaren kann, brechen beide zusammen nach San Francisco auf, um dort als Künstlerinnen in der homosexuellen Szene zu arbeiten. In San Francisco lernen sie eine homosexuelle BDSM-Subkultur kennen, die ihnen vollkommen neu ist. Um Sassafras Bedenken aus dem Weg zu räumen, eine feste Beziehung würde ihre Freundschaft schädigen, schlägt Lou ihr ein BDSM-Rollenspiel vor, in dem sie selbst die Rolle des "grimmigen Seebären" und Sass die der "missratenen Prinzessin" übernimmt.

In der Folge verschwimmen künstlerische und Beziehungsrollen zusehends; im nicht-monogamen Umfeld der Subkultur werden ihre Beziehung und ihr Rollenspiel zunehmend komplizierter. Sass trifft Micky, eine Gitarre spielende Punkerin aus der BDSM-Szene, Lou bietet sich der attraktiven dominanten Gemüsehändlerin Chelsea Chuwawa als Bottom an. Die beiden lernen das unglückliche lesbische Ehepaar Edith und Archie kennen, und Sass alternde Mutter blickt auf ihre Zeit der "freien Liebe" zurück.

Die Situation spitzt sich weiter zu, als Lou für Sass eine wilde Geburtstagsfeier organisiert, in deren Verlauf es zu einem Gesellschaftsspiel der besonderen Art kommt. Aus dem bekannten "Wahrheit oder Pflicht" beim Flaschendrehen wird "schlage oder küsse". Als Lous Flasche in Mickys Richtung zeigt, will sie weder das eine noch das andere.

Kritiken

- *"Mit einem durchtriebenen Sinn für Humor und einer Menge Sex ist Mango Kiss eine süßverpackte, übermütige und amüsante Tour durch die verrückte Welt der frauenschlagenden Frauen. Glauben sie es oder nicht, ich kann Ihnen enthüllen, dass Mango Kiss in Grunde eine Ode an altmodische Romanzen ist."*
  miami gay & lesbian film festival

Auszeichnungen

- 2004
  - Park City Film Music Festival (Feature Film: Director's Choice)
    - *Gold Medal for Excellence*
  - Sydney Mardi Gras Film Festival
    - *Best Lesbian Film -*
  - Park City Film Music Festival
    - *Director's Choice Award: Gold Medal for Excellence*
  - North Carolina Gay and Lesbian Film Festival
    - *Emerging Filmmaker Award: Best Women's Feature*

Hintergründe

- Mango Kiss beruht auf dem Zweiakter *Bermuda Triangles: The Nonmonogamy Experiment* von Sarah Brown.
- Die Welturaufführung fand im Rahmen des San Francisco International Lesbian & Gay Film Festival statt. Von „http://de.wikipedia.org/wiki/Mango_Kiss"

Martha (Film)

Martha ist ein deutscher Spielfilm von Rainer Werner Fassbinder aus dem Jahr 1974. Der Film schildert im Hauptteil die Entwicklung der sadomasochistischen Beziehung zwischen Martha und Helmut Salomon.

Handlung

Martha, Anfang 30 und noch unberührt, unternimmt mit ihrem kühlen, distanzierten Vater eine Urlaubsreise nach Rom. Auf der Spanischen Treppe erleidet ihr Vater einen tödlichen Herzinfarkt. In der Folge trifft Martha in der deutschen Botschaft den ihr unbekannten Helmut Salomon. Zurückgekehrt begegnet sie ihm nach einiger Zeit wieder, schon kurz darauf heiraten sie. Martha ist von Salomons Dominanz und Charisma überwältigt. Auf der gemeinsamen Hochzeitsreise beginnt Helmut systematisch, Martha zu quälen und nach seinen Vorstellungen zu „erziehen".

Gegen Marthas Willen veranlasst Salomon die Einweisung ihrer Mutter und zwingt Martha zum Wohnen in einer angemieteten Villa. Da er beruflich ständig unterwegs ist und ohne Marthas Einverständnis ihren Arbeitsvertrag gekündigt hat, schafft er es, Martha immer stärker zu isolieren. Er fordert von Martha absolute Exklusivität und Ergebenheit. Diese lehnt sich gegen seine Forderungen aus Liebe nicht auf. Die Beziehung der beiden wird zunehmend durch Salomons Dominanz geprägt und entwickelt offen sadomasochistische Züge.

In Abwesenheit ihres Mannes trifft Martha Herrn Kaiser, einen ehemaligen Kollegen. Als dies Salomon später klar wird, lässt er das Telefon aus dem Haus entfernen und erlaubt Martha nicht mehr auszugehen. Als Martha sich noch einmal mit Herrn Kaiser trifft und ihr Mann plötzlich auftaucht, glaubt, dass er sie verfolgen und töten will. Sie verursacht bei einer Autofahrt mit Kaiser einen Unfall, bei dem dieser stirbt und sie selbst gelähmt überlebt.

Salomon hat nun die Gelegenheit, sie zukünftig zu pflegen und somit vollkommen zu kontrollieren.

Kritiken

„Martha ist zum Weinen. Martha erweckt Mitleid. Martha macht einen wütend. Martha ist perfekt – perfekt im Leiden, im Ertragen, im Hinnehmen. Martha ist das Sinnbild des Masochismus, der genial-wahnsinnigen Selbsttäuschung. Martha ist das Symbol für einen Menschen, der in seiner Welt alles erträgt und zugleich aggressiv auf alles reagiert, was von außen die eigene Welt in Frage stellt. (...) Dieser Masochismus vergegenständlicht sich als eine Mentalität, in der jemand die eigenen Qualen nicht nur erträgt, sondern ertragen will. Dies manifestiert sich darin, dass Martha aus der Qual eine Art Tugend macht: Sie gehorcht ihrem Peiniger und illusioniert die Qual zur Notwendigkeit, zur „Freude", zur Bereitschaft, alles für ihre Ehe zu tun. "
– *Filmzentrale*

„Eine erschreckende schwarze Komödie – ein verheerender Blick auf eine spießbürgerliche Ehe, dargebracht in einem überdrehten verschnörkelten Stil."
– *Chicago Reader*

Dies und Das

- Der Film basiert auf der Kurzgeschichte des Krimi-Autors Cornell Woolrich "For the Rest of Her Life" (dt. „Für den Rest ihres Lebens"), die 1968 im "Ellery Queen's Mystery Magazine" veröffentlicht wurde
- Der Westdeutsche Rundfunk (WDR) beteiligte sich finanziell an der Produktion des Films.
- Die deutsche Kinoerstaufführung fand in einer restaurierten Fassung am 17. November 1997 statt, nachdem die Produktion aus rechtlichen Gründen 20 Jahre lang nicht im Kino hatte gezeigt werden durfte.
- In dem Film ist auch die berühmte 360-Grad Kamerafahrt von Michael Ballhaus zu sehen. Dazu Ballhaus: „Ich bemühe mich, dass die Bilder etwas anderes erzählen als der Dialog. Etwas, das die Menschen mit Worten nicht preisgeben."
  – *Michael Ballhaus*

„Von den Filmen, die ich bisher mit Fassbinder gemacht habe, liebe ich Martha am meisten. Bei Martha hatten wir für Fassbinders Verhältnisse viel Zeit: 26 Drehtage. Fassbinder wollte, daß ich den ganzen Film nur mit einer Optik fotografiere, ohne Zoom. Wir haben dieses Prinzip bis auf wenige Ausnahmen durchgehalten."
– *Michael Ballhaus in "Fernsehspiele*

Westdeutscher Rundfunk 1974"
- Der Film wird von einer „künstlich-überladenen" Ästhetik geprägt, welche die Konventionen des Bürgertums verdeutlichen soll. In Kostümen und Stil erinnert der Film mehr an die 1940er-Jahre, als an die 1970er-Jahre.

Format
- Der Film wurde auf 16 mm Farbfilm gedreht und später auf das 35 mm-Format übertragen.

Von „http://de.wikipedia.org/wiki/Martha_(Film)"

Matador (Film)

Matador ist ein spanischer Spielfilm des Regisseurs Pedro Almodóvar aus dem Jahr 1986. Der Film schildert die sadomasochistische Beziehung zwischen dem alternden Stierkämpfer Diego (Nacho Martinez) und der geheimnisvollen Rechtsanwältin Maria (Assumpta Serna) und die mit ihr verbundenen Erlebnisse des jungen Nachwuchsstierkämpfers Angel (Antonio Banderas). Es ist der fünfte Film Almodóvars.

Handlung
Der junge schüchterne Angel steht unter der Fuchtel seiner streng religiösen Mutter, kann kein Blut sehen und will Stierkämpfer werden.

Um seinem morbiden Lehrmeister Diego seine Männlichkeit zu beweisen und sich seiner Jungfräulichkeit zu entledigen, versucht er, Diegos Freundin Eva an einer Straßenecke zu vergewaltigen. Der Versuch scheitert. Da ihn das Mädchen nicht anzeigt, gesteht der beschämte junge Mann aus Sehnsucht nach Strafe schließlich mehrere Morde, die er nicht begangen hat.

Die erotische junge Anwältin Maria teilt die Faszination des alternden Matadors für den Tod. Es ist ihre Leidenschaft, Männer zu verführen und ihnen zum Zeitpunkt ihres Orgasmus eine Haarnadel in das Genick zu stoßen und sie so zu ermorden. Während sich eine Dreiecksgeschichte um Leidenschaft und Todessehnsucht entwickelt, sucht der Polizist nach dem Täter. Die sadomasochistische Beziehung zwischen Maria und Diego endet schließlich im gemeinsamen Tod des Paares.

Auszeichnungen (Auszug)
Der Film wurde international mehrfach ausgezeichnet:
- 1986:
  - Festival Internacional de Cinema do Porto, *International Fantasy Film Special Jury Award*
    - Pedro Almodóvar
- 1987:
  - Festival Internacional de Cinema do Porto, *International Fantasy Film Award*
    - Julieta Serrano (Beste Schauspielerin)
    - Pedro Almodóvar (Bester Regisseur)
  - Sant Jordi Awards, *Sant Jordi*
    - Assumpta Serna (Beste spanische Schauspielerin)
- 1989:
  - National Society of Film Critics Awards, USA, Spezialpreis (*Special Award*)
    - Pedro Almodóvar

Rezeption
Für das Lexikon des Internationalen Films ist *Matador* eine *„kitschige Mythologie des Todes und der Leidenschaft, die von der Aura des Stierkampfes profitieren will; das schale Potpourri filmischer Zitate erschöpft sich ohne jeden Funken Ironie in der rein formalistischen Bezugnahme."*

Hintergründe
- Das Ende des Paares ist eine Hommage an King Vidors *Duell in der Sonne*. Almodóvar verwendet das gleiche Motiv in *Live Flesh – Mit Haut und Haar*.
- Der Film wurde in Madrid gedreht. Die Modenschau in Matador findet in einem Schlachthof in Legazpi statt.

Literatur
- Marcus Stigleger: *Corrida der Liebe unter einer sterbenden Sonne – Sadomasochismus und Stierkampf in Pedro Almodovars MATADOR*. In: *Ikonen*. Nr. 0/1, Herbst 2002, ISSN 1610-9368

Von „http://de.wikipedia.org/wiki/Matador_(Film)"

Maîtresse (Film)

Maîtresse ist ein französischer Liebesfilm des Regisseurs Barbet Schroeder aus dem Jahr 1976. Der Film schildert die sadomasochistische Liebesgeschichte zwischen einem Einbrecher und einer Domina.

Handlung
Der unbedeutende Kleinkriminelle Olivier (Gérard Depardieu) erfährt, während er die Installation von Ariane (Bulle Ogier) repariert, dass die Wohnung des Hauseigentümers scheinbar verlassen ist und sich als lohnendes Ziel anzubieten scheint. Als er mit einem Komplizen die Gelegenheit auszunutzen versucht und sie ihn erwischt, erkennt er, dass Ariane im Haus ein BDSM-Studio betreibt und als professionelle Domina arbeitet. Oliver zieht bei ihr ein und beginnt sie in ihrer Arbeit zu unterstützen, beide verlieben sich ineinander. Studio und Privatwohnung der attraktiven jungen Frau liegen, durch eine geheime Falltür verbunden, direkt übereinander. Während die Gefühle des Paares immer weiter vertiefen, fängt es an, zwischen der Alltagswelt im oberen Stockwerk und der Welt des Sadomasochismus im Stockwerk darunter genauso hin- und

herzupendeln wie zwischen MaleDom und FemDom. Beide suchen einen Weg, der ihnen eine gemeinsame Zukunft ermöglicht, bei einer Autofahrt durch die Wälder der Umgebung entdecken sie ihn schließlich.

Hintergründe

- Karl Lagerfeld entwarf die verwendeten Kostüme
- Pop-Art-Künstler Allen Jones entwarf das Set-Design
- Bei der Produktion wirkte eine reale Domina mit drei ihrer Bottoms mit. Diese kamen bei den Spielen im Studio zum Einsatz.
- Eine ehemals kontrovers diskutierte Szene hat einen Bezug zu den Pariser Pferdeschlachthöfen. In einem Interview erklärte Schroeder, dass er auf diesen Ort durch Depardieu aufmerksam gemacht worden sei, der dort früher einmal tätig gewesen sei.

Von „http://de.wikipedia.org/wiki/Ma%C3%AEtresse_(Film)"

Menthe – la bienheureuse

Menthe – la bienheureuse ist ein dänischer Kurzfilm des dänischen Regisseurs Lars von Trier aus dem Jahr 1979. Der Film basiert auf dem sadomasochistischen Roman von Dominique Aury, *Geschichte der O*, und schildert die Geschichte einer freiwilligen weiblichen Unterwerfung. Die in Schwarzweiß hergestellte Produktion ist das zweite Werk des bekannten Künstlers.

Hintergründe

- Der Film entstand im Rahmen der Mitgliedschaft von Triers in der *Film Group 16*, einer kleinen 1964 in der Kleinstadt Hvidovre, in der Nähe von Kopenhagen gegründeten Filmemachergruppe die ein nichtkommerzielles Kinokonzept verfolgte und im 16 mm Format produzierte.
- Die literarische Vorlage gewann im Februar 1955 den französischen Literaturpreis Prix des Deux Magots.
- Aury schrieb den Roman unter dem Pseudonym *Pauline Réage* und bestätigte ihre jahrzehntelang nur gerüchteweise bekannte Autorenschaft erst 1994 öffentlich in einem Interview mit dem amerikanischen Magazin *The New Yorker*.

Von „http://de.wikipedia.org/wiki/Menthe_%E2%80%93_la_bienheureuse"

Moonlight Whispers

Moonlight Whispers ist ein japanischer Liebesfilm des Regisseurs Akihiko Shiota aus dem Jahr 1999. Der Film schildert die sadomasochistische Liebesgeschichte des japanischen Schülers Takuya Hidaka (Kenji Mizuhashi) und seiner Mitschülerin Satsuki Kitahara (Tsugumi). Der Film basiert auf dem Manga *Gekko no sasayaki*.

Handlung

Die beiden japanischen Schüler Takuya Hidaka (Kenji Mizuhashi) und Satsuki Kitahara (Tsugumi) sind ein Paar. Nach außen hin wirken sie wie ein durchschnittliches Schülerpärchen, das in seiner Freizeit zusammen Kendo trainiert. Als Satsuki heimlich Takuyas Schulspind aufbricht, erkennt sie sofort, dass seine Gefühle über herkömmliche Liebe deutlich hinausgehen. Verschiedene, teilweise sehr intime von ihr stammende Gegenstände in dem Schließfach zeigen deutlich, dass Takuya sie bereits vor dem Beginn ihrer Beziehung geradezu abgöttisch verehrte.

Takuya hatte diese Gegenstände bereits gesammelt, bevor das Paar zusammen kam. Je länger er Satsuki kennt, desto sicherer wird er sich, dass er nicht nur ihr Freund, sondern noch viel lieber ihr *Sklave* sein möchte. Die Entdeckung der in dem Spind gehorteten Fetische stößt Satsuki so sehr ab und verletzt sie so sehr, dass sie sich von ihm trennt. Takuya weigert sich diese Realität zu akzeptieren. Je grausamer Satsuki ihn zurückstößt, desto stärker unterwirft er sich ihr. Es wird immer klarer, dass Satsuki anfängt, die bedingungslose Unterwerfung und die von ihr erdachten immer neuen Qualen zu genießen. Schließlich stellt sie Takuya vor die Prüfung seiner Liebe.

Auszeichnungen

- 1999: Director's Guild of Japan (New Director's Award)
- 1999: Hochi Film Award (Best New Director für Akihiko Shiota)
- 1999: Internationales Filmfestival von Locarno, Golden Leopard (Nominierung für Akihiko Shiota)
- 2000: Japanese Professional Movie Award
  - Tsugumi (Best New Actress)
  - Akihiko Shiota (Best New Director)
- 2000: Mainichi Eiga Concours, Sponichi Grand Prize (New Talent Award für Akihiko Shiota)
- Yokohama Film Festival, Festival Prize
  - Best New Director Akihiko Shiota
  - Best New Talent Tsugumi

Von „http://de.wikipedia.org/wiki/Moonlight_Whispers"

Pepi, Luci, Bom und der Rest der Bande

Pepi, Luci, Bom und der Rest der Bande (Originaltitel: *Pepi, Luci, Bom y otras chicas del montón*) ist ein Punkfilm von Pedro Almodóvar und sein Kinodebüt. Er spielt 1980, mitten in der Madrider Movida.

Handlung

Pepi baut Marihuana in der Wohnung an, wird von einem Polizisten vergewaltigt und sinnt auf Rache. Sie will ihn von Freunden, den Bomitoni, einer Punk-Rock-Gruppe zusammenschlagen lassen, doch es trifft nicht den Vergewaltiger, sondern dessen Zwillingsbruder. Bom ist Pepis Freundin und Sängerin der Bomitoni. Mit ihr zusammen freundet sie sich – immer noch auf Rache aus – mit Luci, der masochistischen Ehefrau des Polizisten an. Luci verlässt ihren Mann und wird Boms unterwürfige Gespielin. Die drei genießen die wilden Parties und Konzerte des Madrider Underground-Lebens der Movida, wo Pedro Almodóvar höchst persönlich einen Erektionswettbewerb organisiert. Luci, obwohl von ihrem sadistischen Ehemann permanent misshandelt, kehrt zu ihm zurück. Bleiben noch Pepi und Bom – die Mädchen aus der Bande –, Hand in Hand und voller Ideen planen sie ihre Zukunft.

Kritiken

„Das pompöse, unterhaltsame und einschlagende Debüt von Almodóvar, das viele der Lieblingsthemen des Regisseurs behandelt: die Hausfrauen, die Größe des Penis, grelle Kleidung, der Kitschstil, die Freundschaft zwischen Frauen, die Drogen, die Gewalt im Sex …"
– Karl A. Erber: almodovarlandia

„Böse sein kann man einem Film, der von einem Mann gedreht wurde, der damals noch hauptberuflich bei der Telefongesellschaft arbeitete (…) natürlich nicht, aber es kommt eben auch nie das Gefühl auf, einem zeitlosen Meisterwerk – wie, sagen wir, David Lynch's Eraserhead, auch ein Langfilmdebüt – beizuwohnen.
Trotzdem ist Pepi, Luci, Bom … ein echter Almodóvar. Der Themenkreis des Regisseurs um Liebe, Gewalt, Tod und sexuelle Identität wird hier bereits angeschnitten."
– Nicolai Bühnemann: Filmzentrale

Hintergrund

Der Film wurde in Madrid gedreht. Almodóvar und sein Bruder Agustín treten in Nebenrollen auf.

Der Film ist in der etwa 2008 erschienenen großen DVD-Box *nicht* enthalten, wie auch *Matador* nicht.

1992 hatte es Pedro Almodóvar so weit gebracht, dass Joaquin Sabina, der Bob Dylan des Spanischen, ein Lied über ihn schrieb. Beide sind Jahrgang 1949 und stammen aus Provinzstädtchen im Herzen Spaniens. Beide wurden auf ein katholisches Internat geschickt und setzten sich in die Großstadt ab, kaum dass sie erwachsen waren. Sabina warf einen Molotowcocktail in ein Regierungsgebäude und floh ins Exil. Almodóvar schob bis drei Uhr Nachmittags Bürodienst bei der Telefónica, Spaniens Telekom, und warf sich dann in den Madrider Untergrund. Er trug lange Haare, kleidete sich auffällig und versuchte nicht länger, sein Schwulsein zu verbergen. Wo immer die Szene sich produzierte - Theatermacher, Jungdesigner, Stricher, Punker, Straßensänger, Dealer, Kurzfilmer, Prostituierte – der Junge aus Don Quichotes Heimat war dabei. (Hanns-Georg Rodek in Weltonline, 3. November 2008)

Die Zeilen, die Joaquin Sabina in dem auf seinem Album *Física y química* enthaltenen Titel *Yo quiero ser una chica Almodóvar* Pepi, Luci, Bom … widmete:
Ich möchte ein Mädchen von Almodóvar sein / wie Pepi, wie Luci, wie Bom, / meine Geheimnisse im Bett an die Eleganz verkaufen / und Trauer tragen um einen Matador.
Von „http://de.wikipedia.org/wiki/Pepi,_Luci_Bom_und_der_Rest_der_Bande"

Personal Service

Personal Service ist eine britische Filmkomödie des Regisseurs Terry Jones aus dem Jahr 1987. Der Film schildert die Erlebnisse der äußerliche erzkonservativen Bordellbetreiberin Christine Painter (Julie Walters) bei dem Kampf um ihr auf sadomasochistische Freier der englischen High Society zugeschnittenes Bordell.

Handlung

Christine Painter betreibt einen diskreten Salon in London, in dem sie im Zeichen der Nächstenliebe die sadomasochistischen Phantasien der englischen Oberschicht erfüllt, um mit den Einnahmen ihrem Sohn eine elitäre Erziehung zukommen lassen zu können. Die Besucher ihres Etablissements sind überwiegend ältere Herren, vor allem Mitglieder der britischen Oberschicht, unter ihnen Bankiers, Richter, Diplomaten und Parlamentarier. Neben Sex, Bondage und manchmal einer Tasse Tee macht vor allem Mrs. Painters ganz persönlichen Charme den unverwechselbaren Service des Gesamtangebotes aus. Nach einer Razzia kommt das besondere Angebotsspektrum und die prominente Klientel ans Licht, England steht vor einem einzigartigen Skandal.

Hintergründe

- Die Handlung der Komödie basiert auf den Geschehnissen um Cynthia Payne.
- Payne fungierte für den Film als Beraterin.

Auszeichnungen

- British Academy Film Award 1988:
  - nominiert: Julie Walters (Beste

Hauptdarstellerin)
- nominiert: David Leland (Bestes Originaldrehbuch)
- Evening Standard British Film Award 1988 – Peter Sellers Award für David Leland

Von „http://de.wikipedia.org/wiki/Personal_Service"

Preaching to the Perverted

Preaching to the Perverted ist ein britischer Liebesfilm des Regisseurs Stuart Urban aus dem Jahr 1997. Der Film schildert die sadomasochistische Beziehung der US-amerikanischen Domina Tanya Cheex (Guinevere Turner) mit dem als Spitzel eines britischen Parlamentsabgeordneten in die Londoner BDSM-Szene eingeschleusten jungen Computerfachmanns Peter Emery (Christien Anholt). Der Film gewann den Preis *Best actress* des Festival Du Jeune Comedien 1999 und den *Audience Choice Award* des CineKink Festival 2003. Der Film wird allgemein als Reaktion auf den Spanner Case angesehen.

Handlung

Der britische Parlamentsabgeordnete *Henry Harding* führt einen moralischen Kreuzzug gegen die BDSM-Szene seines Landes. Daher engagiert er den unerfahrenen jungen Computerfachmann *Peter Emery* als persönlichen Mitarbeiter, um diese unerkannt zu infiltrieren und Beweise für die in Großbritannien überwiegend illegalen sadomasochistischen Praktiken zu sammeln. Emery, der bis zu diesem Zeitpunkt für ein christliches Computerunternehmen namens *Holy Hardware* tätig war, nimmt den Auftrag an und beginnt mittels einer versteckten Videokamera die Veranstaltungen der US-amerikanischen Domina *Tanya Cheex* heimlich zu dokumentieren.

Cheex leitet einen Club namens „House of Thwax", in dem regelmäßig Besucher und Performancekünstler sadomasochistischen Praktiken nachgehen. Während es Emery tatsächlich gelingt, die geforderten Beweise zu erbringen, entwickelt sich zwischen ihm und Cheex sowohl eine Liebes- als auch eine Femdom-Beziehung. Der in BDSM vollkommen unerfahrene Späher gerät hierbei immer häufiger in Situationen, die er sich zuvor niemals hätte vorstellen können und erhält tiefe Einblicke in die britische SM-Szene, aber auch in seine eigenen Träume und Bedürfnisse. Im Rahmen eines Partywochenendes auf dem herrschaftlichen Anwesens eines englischen Adligen entdeckt Cheex den parlamentarischen Dienstausweis ihres neuen Freundes, es kommt zu einem scheinbar letzten Spiel und einer vorübergehenden Trennung des Paares. Nachdem Emery im späteren Prozess zugunsten der Angeklagten Cheex ausgesagt hat, wird diese freigesprochen und gründet mit ihm eine Familie, deren Zuhause der Club ist.

Hintergründe

- Der Film wird allgemein als Reaktion auf den Spanner Case angesehen.
- Er wurde in Irland durch den ehemaligen Filmzensor Sheamus Smith verboten.
- Der Regisseur setzte es sich zum Ziel, in möglichst jeder Szene des Films *pinkfarbene Requisiten* unterzubringen, daher erscheinen Gegenstände in dieser Farbe auch in scheinbar unpassenden Zusammenhängen.
- Der Soundtrack des Films besteht aus Club- und House-Musik
- Im Verlauf der Filmhandlung treten mehrere international bekannte BDSM-Performance-Künstler auf, unter anderem sind dies:
  - Die sogenannten *Chaos Clowns*, *Zos&Kia*
  - *Luci The Axle Grinder*, auch bekannt unter dem Namen *Lucifire*
  - *Miss Kimberly*
  - Die *„Fetischnonne"* Suzi Woodroffe
  - Tutu
- Die britische Erstauflage des Originalsoundtracks ist ein begehrtes Sammlerstück.

Der Film wurde 1998 vorübergehend aus dem Kino-Startplan des deutschen Verleihers Jugendfilm genommen.

Kritiken

- „Der Film prahlt geradezu mit exzellenten Kostümen und gutem Schauspiel, er vermittelt hierbei eine großartige Vorstellung von dem was in einem guten Fetischclub geschieht. Höchst empfehlenswert!" *Secret Magazine*, Februar 2003
- „… die Clubszenen sehen großartig aus: Intelligenter Einsatz von Farbe und Licht." *Erotic Review*, Dezember 2002
- „Für jene, die selbst in der SM-Szene aktiv sind, mag dieser unbeschwerte Blick auf den Untergrund der Fetischszene unterhaltsam sein, wer jedoch mehr als eine unkonventionelle Sexkomödie erwartet, wird elendig enttäuscht werden. *Preaching to the Perverted* wird seinem Namen also gerecht, da er niemanden außer den Perversen gefällt." *Qwipster's Movie Reviews*, Dezember 2003

Auszeichnungen

- Preis *Best actress* auf dem Festival Du Jeune Comedien 1999
- *Audience Choice Award* des CineKink Festival 2003

Von „http://de.wikipedia.org/wiki/Preaching_to_the_Perverted"

Psychopathia Sexualis (Film)

Psychopathia Sexualis ist ein US-amerikanischer Spielfilm des Regisseurs Bret Wood aus dem Jahr 2006. Der

Film basiert auf *Psychopathia sexualis*, dem wohl bekanntesten Werk des Psychiaters und Gerichtsmediziners Richard von Krafft-Ebing.

Handlung

In Anlehnung an die Schilderungen Krafft-Ebings setzt Wood vor dem Hintergrund aufwendig gestalteter viktorianischer Kulissen so unterschiedliche Phänome wie Vampirismus, Masochismus, Nekrophilie und Homosexualität in mehreren Kapiteln filmisch um. Hierbei variiert die Länge der einzelnen Kapitel stark, teilweise weisen diese keinerlei Dialoge auf.

Rezeption

Der Film wurde von Publikum und Kritik fast ausschließlich negativ beurteilt. V.A. Musetto schrieb beispielsweise in der New York Post: „Sex kann spaßig, aufregend und wundervoll sein. Er kann auch sterbenslangweilig sein, wie in *Psychopathia Sexualis*." Joe Leydon von Variety kritisierte, der Film erscheine mühselig „in seiner fast komisch lauen Darstellung von Masochismus, Homosexualität, Nekrophilie und, flüchtig, Grausamkeit an Tieren."

Von „http://de.wikipedia.org/wiki/Psychopathia_Sexualis_(Film)"

Quills – Macht der Besessenheit

Quills – Macht der Besessenheit ist ein US-amerikanischer Film des Regisseurs Philip Kaufman aus dem Jahre 2000. Die Produktion basiert auf dem gleichnamigen Bühnenstück von Doug Wright, der auch das Drehbuch schrieb. Der Film schildert die letzten Lebensjahre des Marquis de Sade in der Psychiatrischen Klinik *Charenton* in Charenton-Saint-Maurice (heute Saint-Maurice, Val-de-Marne). Geoffrey Rush spielt die Hauptrolle des Marquis, Joaquin Phoenix den Abbé, Michael Caine den Dr. Royer-Collard und Kate Winslet die Magd Madeleine LeClerc.

Die Produktion wurde für Oscars in den Kategorien Bester Hauptdarsteller (Geoffrey Rush), Bestes Szenenbild und Bestes Kostümdesign nominiert. Im Jahr 2000 gewann *Quills* die Auszeichnung des National Board of Review als *Bester Film des Jahres*.

Obwohl dem Film wahre Begebenheiten zugrunde liegen, erhebt er nicht den Anspruch auf historische Genauigkeit, was auch zu Kritik an Ungenauigkeiten in Leben und Werk de Sades führte.

Handlung

Der Film beginnt mit einer der Geschichten des Marquis de Sade. Diese handelt von einer Dame, die auf dem Weg zum Schafott ist und hieran eine masochistische Lust entwickelt. Der Marquis sinniert hierüber, schreibt seine Gedanken auf und lädt seine Leser ein, sich auf Geschichten vorzubereiten, die "Ihre Sinne anregen werden".

Vier Jahre später ist de Sade in der psychiatrischen Klinik *Charenton* inhaftiert. Die Magd Madeleine LeClerc (Kate Winslet) ist seine heimliche Komplizin und schmuggelt Manuskripte von ihm unter schmutziger Wäsche versteckt aus der Anstalt. Schon bald darauf wird seine Erzählung *Justine* anonym verlegt. Das Buch ist reißerisch und wird in den Straßen Paris zu einem illegalen Bestseller. Napoleon befiehlt daher die öffentliche Verbrennung sämtlicher Kopien des Buches und die Hinrichtung seines Autors. Napoleons Berater überzeugen diesen jedoch davon, Dr. Royer-Collard nach Charenton zu entsenden, um den Marquis von seinen Perversionen zu heilen und die Veröffentlichung weiterer Titel zu verhindern.

Der die Klinik leitende Abt ist vollkommen überrascht, als er erfährt, dass der Marquis diesen Text veröffentlichen konnte. Er hatte de Sade das Schreiben als Therapieform erlaubt und nicht erwartet, dass die so entstehenden Schriften an die Öffentlichkeit gelangen würden. Er verweigert de Sade weitere Tinte und Papier, um ihn auf diese Weise vom Schreiben abzuhalten. Zwischenzeitlich durchlebt Royer-Collard eine kurze unerfüllte Ehe mit einer wesentlich jüngeren Frau, die ihn schließlich verlässt und ihm ihren Abschiedsbrief in einer Ausgabe von *Justine* zurücklässt. Royer-Collard begreift das Buch von de Sade als wesentlichen Grund seines Unglücks.

Royer-Collard zwingt den Abt, de Sade in Ketten zu legen. Im weiteren Verlauf des Film entwickelt sich ein Machtkampf zwischen den beiden um den richtigen Umgang mit dem Marquis. De Sade gerät in diesem Streit zwischen die Fronten. Royer-Collard ist ein vehementer Vertreter der traditionellen Behandlungsmethoden für „Geisteskranke", die Eiswasserbäder und grausame Behandlungen umfassen. Im Gegensatz hierzu setzt der Abt auf eine friedliche Umgebung, Freiheiten und Gespräche, um die Gesundung seiner Patienten herbeizuführen. Der Abt bietet auch Theatervorführungen und Maltherapie an. Nachdem der Marquis die Bemühungen des Geistlichen wiederholt vorsätzlich unterläuft, ist dieser schließlich doch gezwungen, Royer-Collards Methoden anzuwenden, nachdem ihn der Adlige mit einem derben Schauspiel in Anwesenheit von Honoratioren verhöhnt hat.

Im weiteren Verlauf entdeckt der Abt, dass de Sade trotz aller Verbote und Maßnahmen weiterschreibt. Im weiteren Verlauf eskaliert der Streit beider Seiten über den Gebrauch hinsichtlich des Schreibmaterials, von Hühnerknochen und Wein bis hin zu Blut und Kleidungsfetzen als Schreibmaterial des Marquis, das der Abt jeweils konfiszieren lässt. Wütend und hilflos endet de Sade schließlich nackt in einer ebensolchen Zelle.

Weitere Versuche des Marquis, Madeleine die Geschichten durch mündliche Weitergabe über Mitgefangene zukommen zu lassen, werden durch einen Gefangenenaufstand und den Tod der jungen Magd beendet. Die Leiche wird von ihrer blinden Mutter entdeckt, die ebenfalls in der Anstalt tätig ist. Sowohl der Abt wie auch de Sade sind über den Mord bestürzt. Aus reiner Wut gibt der

Adlige gegenüber dem Geistlichen vor, mit der Magd mannigfaltig Sex in den unterschiedlichsten Konstellationen gehabt zu haben. Die Antwort des Abts, dass diese bei ihrem Tod noch Jungfrau gewesen sei, stürzt ihn in noch tiefere Trauer. Bedrängt durch den Doktor, lässt der Abt de Sade schließlich die Zunge herausschneiden.

Der Abt bietet dem Adligen während der Krankensalbung die Möglichkeit, seinen Rosenkranz zu küssen, de Sade aber verschluckt das Kreuz und erstickt daran. Sein Tod verursacht den totalen mentalen Zusammenbruch des Abts, der ehemalige Leiter der Anstalt wird danach ebenfalls zum Patienten. In seiner Zelle wird die blinde Mutter Madeleines nun zu seiner Komplizin und er ist jetzt derjenige, der danach dürstet, seine Gedanken zu Papier zu bringen.

Auszeichnungen

- 2000
  - National Board of Review
    - *Bester Film des Jahres*
    - *Freedom of Expression Award*
    - *Best Supporting Actor* (Joaquin Phoenix)
  - Las Vegas Film Critics Society Awards („Sierra Award")
    - *Best Actor* (Geoffrey Rush)
- 2001
  - Oscars
    - Bester Hauptdarsteller (Geoffrey Rush), nominiert
    - Bestes Szenenbild, nominiert
    - Bestes Kostümdesign, nominiert
  - Broadcast Film Critics Association Awards
    - *Best Supporting Actor* (Joaquin Phoenix)
  - Fantasporto
    - *Audience Jury Award* (Philip Kaufman)

Kritiken

- „*Der Begründer des Begriffs ‚Sadismus' hat derzeit Konjunktur im Kino. Regisseur Kaufmann zeigt den besessenen Lustmolch als psychopathischen Rebellen, der seine Mitmenschen gnadenlos ausnutzt. Zu einem beeindruckenden Film tragen hervorragende Schauspieler bei.*" rhein-zeitung
- „*‚Quills' ist zu harte Kost für Popcorn-Konsumenten, aber ein Leckerbissen für Feinschmecker und Cineasten. Und wer bislang nicht wusste, wie das so ist unterm Fallbeil, wird selbiges nach diesem Film noch etwas mehr fürchten.*" AP
- „*‚Quills - Macht der Besessenheit' ist ein exzessives, oft auch verstörendes Werk. Den Schauspielern bieten die Figuren die Chance, ihr Talent auszutoben.*" Bayerischer Rundfunk

Dies und Das

- Der Film wurde von Neil Schaeffer, einem de Sade Biografen, dafür kritisiert, dass er historische Ungenauigkeiten enthält und die umfassende und vielseitige Lebensgeschichte de Sades auf einen einfachen andauernden Kampf gegen die Zensur reduziert.
- De Sade schrieb Justine nicht in Charenton, sondern während seiner Gefangenschaft in der Bastille.
- De Sades Aufführungen in Charenton waren weder sexueller noch gewalttätiger Natur.

Von „http://de.wikipedia.org/wiki/Quills_%E2%80%93_Macht_der_Besessenheit"

Romance XXX

Romance XXX (Alternativtitel: *Romance* und *Romance X*), mit dem Untertitel *Was wissen Sie über Männer?*, ist ein Film der französischen Regisseurin Catherine Breillat, der im Jahre 1999 in die Kinos kam.

Handlung

Marie und Paul sind ein Paar. Sie liebt ihn, doch er weigert sich, mit ihr zu schlafen. Das führt nicht zur Trennung des Paares, sondern zu einer Reihe von sexuellen Abenteuern Maries. Sie schläft mit verschiedenen Männern und lässt sich auch zu Bondage-Sex verführen. In ihrem einzigen sexuellen Akt mit Paul wird Marie zuletzt schwanger. Bei einer von Marie absichtlich ausgelösten Gasexplosion in ihrer gemeinsamen Wohnung stirbt Paul. Am Ende bringt Marie einen Sohn, den sie nach ihrem verstorbenen Partner benennt, auf die Welt.

Besonderes

Romance XXX hat vor allem wegen seiner beachtlichen Bandbreite an gezeigten sexuellen Praktiken weltweite kontroverse Diskussionen ausgelöst. Auch der Auftritt von Pornostar Rocco Siffredi in einer Gastrolle lenkte viel Aufmerksamkeit auf diesen Film. Trotzdem ist der Film weitab normaler pornografischer Filme angesiedelt. Nicht zuletzt deswegen, weil er völlig auf die genreübliche Bildsprache verzichtet – und sogar mit ihr bricht. Wenn sich Marie *benutzen* lässt, ist das nicht erregend, sondern eher verstörend. Gezeigt wird eine junge Frau, die noch nicht mit ihrem Leben und ihrer Sexualität zurechtkommt.

Ebenfalls anders als bei fast allen Pornofilmen ist die in sich geschlossene Handlung. Nicht die Sexszenen geben den Weg des Filmes vor, sexuelle Szenen illustrieren einzig den Weg Maries in der Geschichte und sind dabei nie Selbstzweck.

Trotz dieser offensichtlichen Unterschiede zu pornografischen Filmen und der Anerkennung der dramatischen Handlung bemängeln viele Kritiker, dass der Film am Ende einfach nur langweilig ist und zu keiner Zeit wirklich zu fesseln vermag.

Catherine Breillat hatte große Sorgen, dass Mitglieder ihres Teams die Dreharbeiten abbrechen würden, wenn sie erfahren, dass ein professioneller Pornodarsteller mitspielt. Sie teilte dies dem Team erst einen Tag vor dem Dreh der entsprechenden Szene mit. Lediglich der Tontechniker protestierte mit der Feststellung, dass dies kein Kino sei.

Das Filmplakat wurde in den USA verboten.

Filmkritik

- Merten Worthmann schreibt in der Wochenzeitung Die Zeit, in *Romance* würden Schlachten geschlagen, die längst geschlagen worden seien. Es gehe längst nicht mehr um die sexuelle Freiheit, sondern um ihre fragwürdige Ernte. Der Film scheint dem Kritiker zu plakativ, zu wenig am konkreten Schicksal orientiert: In dem Film würden *Planspiele* mit *beredten Pappkameraden vor Signalfarbenkulisse* durchgeführt.
- Das Lexikon des internationalen Films gratuliert der Regisseurin zu ihrer unverkrampften Darstellung der Sexualität ohne jede falsche Scham. *Romance* sei alles andere als ein Pornofilm. Der Film stelle unverblümt die Sinnsuche einer Frau dar, *kompromisslos und in all ihrer Widersprüchlichkeit.* Andererseits sieht der Rezensent *Hans Jörg Marsilius* eine gewisse *Thesenhaftigkeit* und *Überstilisierung* in dem Film, der ihm Vitalität und Überzeugungskraft raube.
- *Rüdiger Suchsland* schreibt im Filmmagazin *artechock*, der Film sei nur anstössig, insofern er gängige Schemata unterlaufe. Wörtlich schreibt er: *Ansonsten ist ROMANCE ein harter unvoyeuristischer Film, klug und radikal, manchmal spröde, aber auch ironisch – eine Zumutung im bestmöglichen Sinn.*
- Der Kritiker *Michael Dlugosch* fand die Dialoge und das Ende des Films klischeehaft gekünstelt. Aber insgesamt gesehen sei *Romance* ein bemerkenswerter Beitrag zur Filmkunst, die poetischen Bilder blieben noch lange in Erinnerung, schreibt er auf *filmrezension.de*.

Von „http://de.wikipedia.org/wiki/Romance_XXX"

S&M Hunter

S&M Hunter (jap. 地獄のローパー、緊縛・SM・18才, *Jigoku no Rōpā, Kinbaku SM 18-sai*, wörtliche Übersetzung „Fessler der Hölle, festes Schnüren, SM, 18 Jahre") ist ein japanischer Spielfilm aus dem Jahr 1986. Es handelt sich um einen Pinku Eiga mit Elementen der Komödie, des Westerns und des Superheldenfilms. Regie führte Shūji Kataoka, die Titelrolle spielte Shirō Shimomoto. International wurde der Film erst über 20 Jahre nach seiner Premiere in Japan veröffentlicht. 2009 erschien er in den USA auf DVD, zuvor wurde er dort bereits auf dem Austin Fantastic Fest und dem San Francisco Independent Film Festival gezeigt. In Deutschland lief er 2010 auf dem Pornfilmfestival Berlin.

Handlung

Hauptperson des Films ist der einäugige *S&M Hunter*. Dieser hat die Fähigkeit, Frauen in Sekundenschnelle zu fesseln und gefügig zu machen. Er wird von dem homosexuellen Geschäftsmann *Joe* um Hilfe gebeten. Dessen Freund *Jack* wurde von einer weiblichen Gang entführt. Der S&M Hunter befreit den Mann gemeinsam mit einem befreundeten Dungeonbesitzer und dessen Sklavin *Maria*. Dabei trifft er auf *Meg*, die für den Verlust seines Auges verantwortlich ist. Es kommt zum Showdown, zu dem Meg in einer an das Dritte Reich angelehnten Uniform erscheint. Der S&M Hunter verliert bei dem Kampf auch sein zweites Auge, kann Meg aber dennoch besiegen. Er befriedigt sie sexuell, und lässt sie dann, an einem Kran hängend, zurück.

Von „http://de.wikipedia.org/wiki/S%26M_Hunter"

SICK: The Life and Death of Bob Flanagan, Supermasochist

SICK: The Life and Death of Bob Flanagan, Supermasochist ist eine US-amerikanische Filmdokumentation des Regisseurs Kirby Dick aus dem Jahr 1997. Der Film begleitet den an Mukoviszidose leidenden Schriftsteller, Musiker, Performancekünstler und BDSM-Aktivisten Bob Flanagan in den letzten Jahren vor seinem Tod 1996.

Handlung

Die Dokumentation begleitet Flanagan in den letzten Jahren bis zu seinem Tod und zeigt, wie er sich im Rahmen von BDSM selbst Schmerzen zufügt, um die durch seine Krankheit verursachten Schmerzen besser ertragen zu können.

Der Regisseur Kirby Dick zeigt neben sadomasochistischen Praktiken des Künstlers mehrere sehr persönliche Interviews mit unterschiedlichen Gesprächspartnern. Der Zuschauer erfährt vom schmerzhaften Kampf Flanagans mit seiner letztendlich tödlichen Krankheit. Neben dem ausgefallenen und teilweise verstörenden Umgang mit seinem eigenen Körper wird insbesondere auch die große Bedeutung herausgearbeitet, die die Partnerschaft Flanagans mit seiner Freundin und Domina Sheree Rose für ihn in seinem letzten Lebensabschnitt hatte. Die Darstellungen drastischer sadomasochistischer Handlungen wurden teilweise von Rose selbst im privaten Umfeld aufgenommen und in den Film integriert. Interviews mit Freunden und Familie des Künstlers sowie ein Auftritt, in dessen Rahmen er vor Studenten Witze über seine Krankheit macht, sind ebenfalls enthalten. Die Produktion begleitet den Leidensweg des Künstler schließlich bis auf die Intensivstation und zeigt den Leichnam nach dessen Tod. Sie endet mit der Beerdigung und einer Collage, die Videoaufnahmen aus dem Leben des Künstlers seit dessen fünftem Lebensjahr zeigt.

Kritiken

„Flanagan und Rose erweisen sich als ein außergewöhnlich kreatives und intelligentes Paar, das in der Lage ist seine Leidenschaft in Kunst zu verwandeln, auch wenn diese sehr speziell ist und manchmal überwältigend brutalen Exhibitionismus einschließt."
– Los Angeles Times

„Selbst seine extremste Performance ist ein dem Tod geschlagenes Schnippchen, und der eigentliche Skandal des Films ist denn auch keineswegs die berühmte Nagel-Performance, sondern das authentisch auf Film gebannte Sterben des Künstlers."
– taz

„SICK ist ein zutiefst humanes Dokument. Ein Film voller Respekt. Seine besondere Faszination erhält er durch die Art, wie die Persönlichkeit Flanagans einem in all den Bildern nahe kommt, und durch dessen Humor, sowie dadurch, dass man in der persönlichen Ironie und dem Sarkasmus, mit denen er über sich selbst erzählt, immer den existentiellen Ernst spürt."
– artechock.de

„Das Publikum kann durch die Intensität des Porträts Zugang zu diesem radikalen Lebensweg finden."
– rhein-zeitung.de

„Sick erbringt eine ausgezeichnete Leistung indem er uns extreme, manchmal abscheuerregendes Filmmaterial präsentiert und uns gleichzeitig dazu bringt Flanagan zu mögen und bewundern. Es ist wahr, er war ein Verrückter und Exhibitionist, aber er war auch ein talentierter Schriftsteller der bereit war Risiken einzugehen, dem Tod gegenüberzutreten und sein Leben nach seinen eigenen Vorstellungen zu gestalten."
– San Francisco Chronicle

„Es gibt Szenen in Sick die mich zum Wegschauen zwangen. Die Szenen die ich mir ansah waren jedoch noch schmerzvoller. Am Ende kämpft Bob um jeden Atemzug und Sheree weint und pflegt ihn. Was wir sehen ist ein Paar das etwas hatte, das ihm, wie bizarr auch immer, die Rollen die sie bevorzugten und gegenseitige die Rückversicherung gab. Nun nimmt der Tod all dies hinweg."
– Chicago Sun-Times

Auszeichnungen

- 1997
  - Sundance Film Festival
    - Special Recognition (Kirby Dick)
    - Grand Jury Prize (Nominierung für Kirby Dick)
  - Los Angeles Independent Film Festival
    - Publikumspreis (Best Feature Film für Kirby Dick)
- 1998
  - Las Vegas Film Critics Society Awards
    - Sierra Award (Beste Dokumentation)

Hintergründe

- Der Film war 1997 Bestandteil des Panorama der Internationale Filmfestspiele Berlin.
- Die britische Zensurbehörde BBFC verfügte für den britischen Markt Schnitte in einer Gesamtlänge von 3 m 42 s. Die Schnitte betrafen zwei sadomasochistische Szenen in denen Atemkontrolle, das Piercing eines Penis, das rektale Einführen von Metallkugeln und das Durchdringen einer Glans penis mittels eines Nagels und eines Hammers dargestellt wurden. Die Behörde wies darauf hin, dass aus ihrer Sicht die dargestellten Praktiken hochgefährlich seien und ihre Darstellung die Nachahmung durch interessierte Sadomasochisten anregen könne.

Von „http://de.wikipedia.org/wiki/SICK:_The_Life_and_Death_of_Bob_Flanagan,_Supermasochist"

Secretary

Secretary ist ein US-amerikanischer Film des Regisseurs Steven Shainberg aus dem Jahre 2002 nach einer Kurzgeschichte von Mary Gaitskill. In einer Mischung aus Liebesdrama und Schwarzer Komödie wird die Beziehung zwischen einer Sekretärin (Maggie Gyllenhaal) und ihrem Chef (James Spader) gezeigt. Der Film erhielt auf dem Sundance Film Festival den Spezialpreis der Jury.

Handlung

Zu Beginn des Films wird Lee Holloway, eine junge Frau, die noch bei ihrer Familie lebt, unter Suizidverdacht in ein Krankenhaus eingeliefert. Ihrer Meinung nach handelt es sich um ein Missverständnis, da sie zwar zur Selbstverletzung neige, aber sich keinesfalls habe umbringen wollen. Nach ihrer Entlassung und dem erfolgreichen Bestehen eines Schreibmaschinenkurses beschließt sie, sich zum ersten Mal in ihrem Leben einen Job zu suchen. Sie bekommt eine Anstellung als Sekretärin bei Rechtsanwalt E. Edward Grey, dessen vorherige Sekretärin gerade ihren Arbeitsplatz räumt.

Zwischen den beiden entwickelt sich eine auf Unterwerfung und Dominanz basierende sadomasochistische Affäre, die Holloway zur Aufgabe ihrer Selbstverstümmelungs-Attacken veranlasst. Als sich die sexuelle Spannung der Beziehung in Form einer Masturbation seinerseits im Büro entlädt, sucht Grey den Abstand. Die gekündigte Holloway flüchtet sich in eine halbherzige Beziehung mit einem Bekannten aus Highschool-Zeiten. Eine Hochzeit wird geplant, jedoch kann der Verlobte ihre neu entdeckten sexuellen Wünsche nicht erfüllen.

Holloway kehrt noch im Brautkleid zu Grey zurück, der ihr befiehlt, regungslos an seinem Schreibtisch zu sitzen, während er sich entscheidet, ob er mit ihr zusammen sein will. Holloway verharrt in dieser Position mehrere Tage bewegungslos; auch ihre Familie kann sie nicht davon abbringen, auf Grey zu warten. Schließlich kehrt Grey zu ihr zurück und trägt die nahezu bewusstlose Holloway aus seinem Büro. Grey und

Holloway heiraten und führen als Ehepaar ihre MaleDom-Beziehung weiter.

Auszeichnungen

- Nominierung von Maggie Gyllenhaal für den Golden Globe 2003
- Spezialpreis der Jury beim Sundance Film Festival 2002
- Beste Schauspielerin (Maggie Gyllenhaal) beim Paris Film Festival 2003
- Beste Newcomerin (Maggie Gyllenhaal) bei den Online Film Critics Society Awards 2003
- Beste Schauspielerin (Maggie Gyllenhaal) beim Central Ohio Film Critics 2003
- Bestes Debüt-Drehbuch (Erin Cressida Wilson) beim Independent Spirit Award 2003
- Ursprünglich sollte Gwyneth Paltrow die Rolle der Lee Holloway übernehmen.
- Für das Motiv auf dem Filmplakat, das eine Frau von hinten in gebückter Haltung zeigt, stand Maggie Gyllenhaal nicht Modell, sondern die Freundin ihres Ex-Freundes.
- Der Film wurde von BDSM-Gruppen teilweise dafür kritisiert, dass er pathologisches, autoaggressives Verhalten in einen scheinbaren Sachzusammenhang mit BDSM-Neigungen stelle.

Soundtrack

Im Film sind u. a. zu hören:
- „I'm Your Man" von Leonard Cohen
- „Agenda Suicide" von The Faint
- „Chariots Rise" von Lizzie West
- „I will survive" von Cake

Kritiken

- „Schräge Variante der romantischen Komödie." Cinema
- „Originelle, mit bissigem Humor subtil inszenierte, vor allem aber in der Hauptrolle souverän gespielte Komödie, in der der Liebe das Eingeständnis der eigenen Anormalität im Wege steht." Filmdienst
- „Sado-Masochismus wird in ‚Secretary' als Witz behandelt, aber der Spaß an diesem Film ist, dass es gleichzeitig viel mehr als ein Witz ist." Entertainment Weekly
- „Wenn Sie nicht flüchten, werden Sie dem Charme erliegen. Wenn Sie nicht lachen, dann sollten Sie lieber flüchten." David Elliott, San Diego Union-Tribute
- „Eine bahnbrechende Komödie." Stephen Holden, The New York Times
- „Das meiste verdankt dieser Film dem humorvollen und äußerst selbstkontrollierten Schauspiel von Maggie Gyllenhaal." Kirk Honeycutt, Hollywood Reporter
- „...Denn auch wenn wir hier im Grunde ‚nur' eine simple kleine Romanze mit zugegebenermaßen interessant unorthodoxen Ideen haben, so ist dies doch eindeutig das Gegenstück zur handelsüblichen RomCom. Romanze? Ja. Komödiantische Elemente? Ja, bittersüß allerdings. Völlige Ideenarmut? Ganz im Gegenteil. Und damit versohlt ‚Secretary' der (Quasi-) Konkurrenz mächtig den Hintern." filmszene.de

Literatur

- Molly Haskell, Erin Cressida Wilson, Steven Shainberg, *Secretary: A Screenplay*. Soft Skull Press, 2003. ISBN 1-887128-19-0.

Von „http://de.wikipedia.org/wiki/Secretary"

Shogun's Sadism

Shogun's Sadism (jap. 徳川女刑罰絵巻 牛裂きの刑, *Tokugawa onna keibatsu emaki: ushizaki no kei*, wörtlich: „Tokugawa-Frauenstrafen-Bildrollen: Strafe der Vierteilung mit Ochsen"), alternativ: The Joy Of Torture 2 – **Oxen Split Torturing**, ist ein von Regisseur Yuuji Makiguchi (jap. 牧口雄二) 1976 gedrehter japanischer Splatter und Bondage-Film, der in der sogenannten Edo-Zeit des Tokugawa-Shogunats spielt. Im ersten Teil geht es dabei um die Christenverfolgung in Japan während des 17. Jahrhunderts, und im zweiten Teil um die harten Zustände in Bordellen während des 19. Jahrhunderts. In dem Film sind u. a. sehr viele brutale Gewalt- und Folterszenen zu sehen.

Oxen Split Torturing ist quasi eine Fortsetzung der brutalen Tokugawa-Reihe, die Ende der 1960er-Jahre in Japan entstand und mit Tokugawa – Gequälte Frauen begann.

Inhalt

Der Film ist in zwei Geschichten aufgeteilt.

Die erste Teil spielt in Japan Mitte des 17. Jahrhunderts, als die wenigen Christen wegen ihres Glaubens verfolgt, gefoltert und getötet wurden. Ein grausamer Shogun lässt in Japan unzählige Leute foltern und nur zu seiner Belustigung und weil sie Christen sind, töten. Die Leuten sterben grauenhafte Tode und leiden lange Folter, bis sie sterben. Einige Folterungen sind dem perversen Shogun aber zu harmlos, also beauftragt er seinen Handlanger damit neue, noch perversere Folterwerkzeuge zu erfinden. Eines Tages taucht in der Gegend ein starker Samuraikämpfer auf, der ein nettes Mädchen und deren Schwester kennenlernt. Als der Samurai dem Shogun vorgeführt wird, wird er von diesem sofort als Leibwache angestellt, obwohl der Samurai an den täglichen Folterungen des Shoguns keinen großen Gefallen findet. Als dann seine Bekannte und deren Schwester zu Sexspielzeugen des Shoguns werden, will der Samurai mit ihnen fliehen, um sie vor den Vergewaltigungen retten. Am Ende werden sie allerdings erwischt und erleiden wegen ihres Gesetzesverstoßes einen grausamen, qualvollen Tod.

Die zweite Geschichte spielt 200 Jahre später und zeigt die harten Zustände in einem Bordell, in dem die Frauen wie einfache Ware behandelt werden und keine eigenen Rechte besitzen. Ein Mann vergnügt sich mit vielen Frauen in einem Freudenhaus, kann aber nicht bezahlen. So wird er bestraft und muss dort ein Jahr lang seine Schulden abarbeiten, in dem er putzt. Doch nach einer gewissen Zeit merkt er, wie die Prostituierten dort gefoltert und unmenschlich behandelt werden. Als ein Mann sich nach einer Nacht in eine der Frauen verliebt, und mit dieser fliehen will, wird er bestraft. Da der Putzmann allerdings von der Flucht wusste, soll dieser seine Bestrafung ausführen und ihn entmannen. Danach hat er allerdings genug: Er flieht mit einer Frau, die er im Freudenhaus kennengelernt und in die er sich verliebt hat. Allerdings werden sie später auf ihrer Flucht erwischt und zum Tode verurteilt.

Kritiken

„Teruo Ishii legte bereits Ende der 60er Jahre mit seinen Tokugawa-Filmen die Meßlatte für filmische Gewalt sehr weit nach oben. Der von Yuuji Makiguchi im gleichen Stil inszenierte Oxen Split Torturing ist nicht weniger zimperlich und bietet einige wirklich garstige Folter- und Tötungsszenen, die sich hauptsächlich gegen Frauen richten. Jegliche Aussage in der Handlung wird durch die vordergründig dargestellte Gewalt zunichte gemacht und der Film erscheint eher wie eine lose Aneinanderreihung von Greueltaten. Das bißchen Handlung bietet viel zu wenig Dramaturgie, als dass der Film über seine ganze Laufzeit spannend gehalten werden könnte."
– *senseofview.de*

Von „http://de.wikipedia.org/wiki/Shogun%E2%80%99s_Sadism"

Shortbus

Shortbus ist ein Film von John Cameron Mitchell aus dem Jahr 2006.

Handlung

New York. Jamie und James sind ein schwules Paar, in deren Beziehung es kriselt; Sofia ist eine Paartherapeutin, die trotz akrobatischem Sex mit ihrem Mann Rob noch nie einen Orgasmus hatte; die junge Domina Severin leidet unter ihrer Unfähigkeit, eine tiefergehende persönliche Beziehung aufzubauen. Sie alle begegnen einander irgendwann, kommen einander näher: Zunächst die beiden Schwulen und die Therapeutin in einer grotesk endenden Therapiesitzung, zuletzt alle in einem Club namens *Shortbus* in Brooklyn. Dieser Treffpunkt, eine Kombination von Varieté und Swinger-Club für fröhlichen Gruppensex, erhebt den Anspruch, den ungebrochen liberalen, ja libertär-anarchistischen Zeitgeist in New York nach den Anschlägen des 11. September zu spiegeln. So fliegt die Kamera gleich zu Beginn des Films, ausgehend von den Füßen der Freiheitsstatue, über ein stilisiert animiertes Panorama der Stadt, hinein in die Wohnungen der gerade sexuell aktiven Protagonisten.

Kritiken

Shortbus wurde vom Feuilleton der überregionalen deutschen Zeitungen sehr positiv besprochen.

So schrieb die taz: „Das Besondere an John Cameron Mitchells *Shortbus* ist, mit welcher menschenfreundlichen Fröhlichkeit hier der Tabubruch zelebriert wird. Sex ist nicht das Problem, sondern die Lösung – genauer gesagt: guter Sex ist die Lösung. Das heißt nicht, dass der Blick auf das Private verengt würde."

Ähnlich sah es die Süddeutsche Zeitung: „Zwar zeigt Regisseur Mitchel in seinem Film echten Sex. Aber Schmuddelkino ist das noch lange nicht, sondern etwas völlig Neues im Mainstream-Kino. Weil der Film sowohl explizit als auch optimistisch ist."

Die Nürnberger Nachrichten lobten: „Shortbus ist unter der schrillen Oberfläche im Herzen ein recht kluger, trauriger, stets romantischer Liebesfilm. Sehenswert – aber nicht für jeden."

In der Frankfurter Rundschau hieß es: „Dennoch gibt es da ein pornografisches Moment, eine Nummer höchster Akrobatik, deren Reiz man sich schwer erwehren kann. Ein junger Mann bläst sich tatsächlich selbst einen, und dies ist kein Trick oder eine Computeranimation. Nicht jeder wird es nachmachen können, aber es ist doch beruhigend zu wissen, dass so etwas grundsätzlich geht. Entsprechende im Zorn geäußerte Aufforderungen, wie sie zum Beispiel Autofahrern leicht über die Lippen gehen, erstrahlen nun in einem anderen Licht. (...) Wie sonst nur Pedro Almodóvar erreicht John Cameron Mitchell eine Atmosphäre, in der selbst die ungewöhnlichste sexuelle Orientierung binnen Sekunden gänzlich normal erscheint und auch der bürgerlichste Zuschauer nicht mehr ausschließen würde, seit Jahren auch mit Transsexuellen befreundet zu sein. Auch der Sex ist plötzlich nichts Ungewöhnliches mehr, obwohl wir im Spielfilm noch nie soviel davon auf einmal gesehen haben."

Das Lexikon des Internationalen Films meint: Dank einer sensiblen Figurengestaltung, entwickelt mit Laiendarstellern, zeigt der visuell drastische, mit expliziten Sexszenen operierende Film auf glaubhafte Weise sexuelle Blockaden als Symptom für generelle psychische Verwirrungen und liefert damit Einblicke in eine noch immer offene, aber auch verwundete Stadt.

Wirkung

Sook-Yin Lee, die zuvor hauptberuflich in Kanada als Radiomoderatorin arbeitete, wäre – aufgrund der vielen freizügigen Sexszenen – für ihr Debüt in dem Spielfilm beinahe von ihrem Arbeitgeber, der öffentlich-rechtlichen *Canadian Broadcasting Corporation* (CBC), nicht weiterbeschäftigt worden. Erst die Proteste prominenter Künstler wie Francis Ford Coppola, Michael Stipe, Julianne Moore und Yoko Ono bewirkten, dass sie ihre Arbeit bei der CBC fortsetzen durfte.

Von „http://de.wikipedia.org/wiki/Shortbus"

Sinfonía erótica

Sinfonía erótica ist ein Spielfilm des spanischen Regisseurs Jesus Franco aus dem Jahr 1980.

Der Film basiert auf einer literarischen Vorlage des Marquis de Sade.

Inhalt

Die Ehe de Bressacs ist eine Farce, Martine scheint offenbar nur ein Hindernis auf dem Weg zu ihrem Vermögen zu sein, das ihr Mann an sich reißen will. De Bressac wird, nachdem sie aus einer Anstalt heimkehrt, wiederholt durch ihre Freundin Wanda vor den finsteren Plänen ihres Gatten gewarnt. Als eines Tage die attraktive Nonne Norma verwundet vor dem Eingang des gemeinsamen Anwesens gefunden wird, entschließt sich Armand, diese sexuell zu unterwerfen und sich als „Spielzeug" gefügig zu machen. Nachdem die Gräfin zunehmend auch über die Affaire ihres Mannes zu dem bisexuellen Teenager Fiore verzweifelt, verführt schließlich auch sie die Nonne. Fiore und Norma verlieben sich und wollen fliehen. Beide werden von Armand in flagranti ertappt und, während sie sich lieben, gleichzeitig mit einem Schwert durchbohrt. In Folge verzweifelt Armand zunehmend an seiner Tat. Nachdem er sich immer wieder weigerte, den sexuellen Avancen seiner Frau nachzugeben, fällt er schließlich doch so heftig über sie her, dass es den Anschein macht, dass sie an den Folgen stirbt. Später erscheint sie ihrem Mann scheinbar als Geist und tötet ihn mit einem Schwert. Das Ende des Films bietet die Interpretationsmöglichkeit, dass De Bressac zusammen mit einem dubiosen Arzt ihren eigenen Plan realisierte.

Anmerkungen

- Der Soundtrack des Films beruht auf Werken Franz Liszts und von Franco selbst komponierter Synthiemusik.

Von „http://de.wikipedia.org/wiki/Sinfon%C3%ADa_er%C3%B3tica"

The Fashionistas

The Fashionistas ist ein Fetisch-Porno-Spielfilm der Pornofilmgesellschaft Evil Angel Productions, der für Aufsehen in der Pornobranche gesorgt hat und mit insgesamt 18 Preisen ausgezeichnet wurde.

Inhalt

Der berühmte Modedesigner Antonio (Rocco Siffredi), der nach einem neuen Bondage-Look sucht, begegnet einem Designhaus mit dem Namen „The Fashionistas". Er weiß nicht, dass dessen Eigentümerin Helena (Taylor St. Clair) dazu bestimmt ist, ihn zu verführen, nicht nur, um von seiner Modelinie zu überzeugen, sondern auch weil sie weiß, dass er sie in die Welt der Untergrund-S/M-Clubs bringen kann. Antonio hat eine heimliche Verehrerin namens Jesse (Belladonna), die ein doppeltes Spiel treibt.

Auszeichnungen

- 2004: AVN Award Best DVD
- 2004: AVN Award Best Renting Tape of the Year
- 2003: AVN Award Best Actress - Film (Taylor St. Clair)
- 2003: AVN Award Best All-Girl Sex Scene - Film (Belladonna und Taylor St. Clair)
- 2003: AVN Award Best Anal Sex Scene - Film (Kate Frost und Rocco Siffredi)
- 2003: AVN Award Best Director - Film (John Stagliano)
- 2003: AVN Award Best Editing - Film (Tricia Devereaux und John Stagliano)
- 2003: AVN Award Best Film
- 2003: AVN Award Best Group Sex Scene - Film (Friday, Taylor St. Clair, Sharon Wild, Rocco Siffredi)
- 2003: AVN Award Best Oral Sex Scene - Film (Belladonna und Rocco Siffredi)
- 2003: AVN Award Best Supporting Actress - Film (Belladonna)
- 2003: AVN Award Best Tease Performance (Belladonna)
- 2003: XRCO Award Best Actor (Rocco Siffredi)
- 2003: XRCO Award Best Actress (Belladonna)
- 2003: XRCO Award Best Film
- 2003: XRCO Award Best Girl-Girl Sex Scene (Belladonna und Taylor St. Clair)
- 2003: XRCO Award Best Group Sex Scene (Friday, Taylor St. Clair, Sharon Wild, Rocco Siffredi)
- 2003: XRCO Award Best Male-Female Sex Scene (Rocco Siffredi und Taylor St. Clair)

Wissenswertes

- Der Film zählt mit insgesamt 18 Auszeichnungen zu den erfolgreichsten Filmen der Pornogeschichte.
- Seit Oktober 2004 wird in Las Vegas eine Theatershow „Fashionistas" aufgeführt.
- Der Film wurde mit einem Budget von $ 500.000 gedreht und belegt Platz 5 der "Top 10 Big-Budget Porns" von Askmen.com

Fortsetzungen

- Im Jahr 2006 veröffentlichte der Regisseur eine Fortsetzung des Films mit dem Titel *Fashionistas Safado - The Challenge*.
- 2007 wurde unter dem Titel *Fashionistas Safado: Berlin* die zweite Fortsetzung veröffentlicht.

Weblink

- *The Fashionistas* in der deutschen und englischen Version der Internet Movie Database
- - Offizielle Seite zu den Fashionistas Filmen

Von „http://de.wikipedia.org/wiki/The_Fashionistas"

The Image

The Image (alternative Titel *The Punishment of Anne* und *The Mistress and the Slave*) ist ein sadomasochistischer US-amerikanischer Pornofilm des Regisseurs Radley Metzger aus dem Jahr 1975, der zu den Klassikern der Pornofilmgeschichte zählt und in der Tradition des Porno Chic steht. Der Film basiert auf dem sadomasochistischen Klassiker *L'Image*, der von der französischen Autorin Catherine Robbe-Grillet unter dem Pseudonym *Jean de Berg* veröffentlicht wurde.

Der Film gliedert sich in zehn Aufzüge, die durch Zwischeneinblendungen mit Kapitelüberschriften klar voneinander abgegrenzt sind. Die Handlung wird durch die kommentierende Off-Stimme der Hauptfigur Jean ex-post beschrieben und kommentiert.

Handlung

Der gelangweilte Schriftsteller Jean (Carl Parker) trifft auf einer Pariser Society-Party seine alte Bekannte Claire (Marilyn Roberts) und deren attraktive blonde Freundin Anne (Mary Mendum, auch bekannt als Rebecca Brooke). Claire erkennt sehr schnell Jeans Interesse an ihrer Freundin und lädt ihn ein, sie auf einen Spaziergang in die Rosengärten des Château de Bagatelle zu begleiten. Jean erkennt schnell, dass die beiden Frauen weit mehr als eine herkömmliche Freundschaft verbindet.

Nachdem Jean bei einem weiteren zufälligen Treffen mit Anne erkennt, dass diese in einer Verkaufsverhandlung mit einem Buchhändler äußerst durchsetzungsstark sein kann und auch ihm gegenüber ohne die Anwesenheit Claires absolut resolut auftritt, sucht er das Gespräch mit Claire. Claire demonstriert ihm in Folge ihre Beziehung zu ihrer Sub und stellt diese Jean zur freien Verfügung. Er akzeptiert das Geschenk, geht in den sich anschließenden Tagen immer stärker in seiner neuen Rolle als Annes Dom auf und erkundet hierbei die Grenzen seiner neuen Spielpartnerin.

In den folgenden Tagen führt Jean Anne in immer neue Situationen und entdeckt hierbei seine eigene Lust an der für ihn selbst völlig neuartigen Konstellation. Unter anderem führt er Anne einer Modeverkäuferin vor, die beide im Anschluss zusammen verführen. In weiteren Szenen kommt es zu Flagellationen, öffentlichen Vorführungen und anderen sadomasochistischen Praktiken. Die Handlung gipfelt im neunten Akt in einer Szene, in der Claire und Jean in Claires Domizil Anne gemeinsam in einem nachgebauten „Gotischen Verlies" in Ketten legen und in einer sehr expliziten Szene bespielen.

Im letzten Akt des sadomasochistischen Dreiecksverhältnisses kommt es zu einer überraschenden Wende. Die bis dahin ausgesprochen dominante Claire besucht Jean in seinem Penthouse, gesteht ihm ihre Liebe und offenbart sich als Switch. Jean erkennt, dass sie Anne als Mittel verwendete, um ihn mit BDSM vertraut zu machen und so eine dauerhaft Beziehung zu ihr zu ermöglichen.

Struktur

The Image ist durch Zwischentitel in zehn Kapitel eingeteilt. Die in weißer Serifenschrift auf schwarzen Hintergrund eingeblendeten Kapitelbezeichnungen lauten wie folgt:

Hintergründe

- Mary Mendum war zu Zeitpunkt des Drehs Metzgers Freundin. Der Film folgte unmittelbar ihrem Auftritt in der Broadway-Version von Hair.
- Die auf Film gedrehte Produktion ist ein klassischer Vertreter des Porno Chic der 1970er Jahre und eine der letzten Produktionen Metzgers, bevor er sich vor dem Hintergrund des aufziehenden Videomarktes immer stärker dem Hardcore widmete.
- Der Film folgt deutlich dem Gedanken des SSC, die „Spielszene" im „Gotischen Verlies" wurde dennoch wiederholt als sehr intensiv bezeichnet. Eine entsprechende Darstellung sadomasochistischer Praktiken war für die 1970er Jahre sehr ungewöhnlich und geht weit über das in der Verfilmung der Geschichte der O von Just Jaeckin 1975 Gezeigte hinaus.
- Die Produktion entstand unter der Bezeichnung *The Image* und wurde unter dieser auch zunächst veröffentlicht. Später beugte sich Metzger dem zunehmenden kommerziellen Druck des sich zu diesem Zeitpunkt rapide verändernden Filmmarktes und änderte den Titel auf *The Punishment of Anne*.

Kritiken

- "Mit Sicherheit einer der ernsthaftesten filmischen Versuche, sich mit dem Thema Sadomasochismus auseinanderzusetzen. Metzger wie auch Robbe-Grillet riskierten sehr viel – die Szenen in der gotischen Kammer sind schwer zu ertragen."
- "Jeder an Sadomasochismus Interessierte wird durch die von Metzger oberflächlich demonstrierten körperlichen Nervenkitzel offensichtlich zufriedengestellt werden. Ich selbst entdeckte für mich als tatsächliche Erfüllung die Möglichkeit, tief in die, anhand der Beziehungen der Charaktere entwickelte, Welt der Dominanz und Unterwerfung einzutauchen."
- "Dieser Film ist auf jeden Fall der beste zum Thema Sado-Masochismus. Selbst Gerard Damianos hervorragender Beitrag zu diesem Thema Story of Joanna kann hier nicht ganz mithalten und der zwar sehr berühmte, doch unerträglich kitschige Film "Die Geschichte der O" von Just Jaeckin fällt da ganz hinten weg."
- "(Dieser Film...) ... ist ein Muss für jeden, der an den dargestellten Fetischen (ausführlicher Oralsex, Bondage, Auspeitschen und Urinieren) interessiert ist, ebenso für diejenigen, die gerne wissen möchten, wie Qualitätspornos aussehen können."

Von „http://de.wikipedia.org/wiki/The_Image"

The Notorious Bettie Page

The Notorious Bettie Page ist ein US-amerikanischer Spielfilm der Regisseurin Mary Harron aus dem Jahr 2005. Der Film schildert den Werdegang des bekannten Aktmodells Bettie Page, die auch als „Königin des Pin-up" bezeichnet wird.

Handlung

Die aus ärmlichen, religiös-konservativen Verhältnissen Tennessees stammende Bettie Page (Gretchen Mol) begegnet einem Polizisten mit fotografischen Ambitionen, der sie mit anderen Fotografen bekannt macht. Page modelt zunächst für Fotografenklubs, teilweise auch nackt. Anfang der 1950er Jahre erscheinen Aufnahmen von ihr auf den Titelseiten von Herrenmagazinen und sie modelt für den Fotografen Irving Klaw, der Fotografien mit Bondagemotiven und sadomasochistischen Motiven per Postversand vertreibt. Sie wird so zum ersten bekannten Bondagemodel.

Schließlich gerät sie in das Fadenkreuz eines Senatsausschusses zum Thema Pornographie. Der ebenfalls aus Tennessee stammende Senator Estes Kefauver, im Film gespielt von David Strathairn, nimmt sie ins Kreuzverhör und will durch sie seinen Kreuzzug gegen den angeblichen sittlichen Verfall durch Pornographie voranbringen.

Hintergründe

- Der Film wurde überwiegend in Schwarzweiß gedreht. Die teilweise verwendeten Buntaufnahmen erinnern an das für die 50er Jahre typische "Kodachrome"-Farbspektrum.
- Der Film ist eine Produktion des für ambitionierte Projekte bekannten Privatsenders HBO.
- Die Produktion hatte ihre Weltpremiere auf dem Toronto Film Festival und wurde im Jahr 2005 im Museum of Modern Art vorgeführt. .
- Seine Deutschlandpremiere hatte der Film bei den Internationalen Filmfestspielen Berlin 2006 in der Sektion Panorama.

Auszeichnungen

- CineKink Awards - 2006
  - *Honoring outstanding depictions of kink in mainstream film and television*

Von „http://de.wikipedia.org/wiki/The_Notorious_Bettie_Page"

The Story of Joanna

The Story of Joanna (alternativer Titel: *The World of Joanna*) ist ein sadomasochistischer US-amerikanischer Pornofilm des Regisseurs Gerard Damiano aus dem Jahr 1975, der zu den Klassikern der Pornofilmgeschichte zählt und in der Tradition des Porno Chic steht. Der Film basiert auf dem sadomasochistischen Roman *Geschichte der O* von Dominique Aury und schildert die Geschichte einer freiwilligen weiblichen Unterwerfung. Um möglichen Lizenzforderungen aus dem Weg zu gehen, änderte Damiano den Titel und schuf eine Melange aus einem Einzelkapitel des Klassikers und Jean-Paul Sartres *Geschlossener Gesellschaft*.

Handlung

Die attraktive *Joanna* (Terri Hall) verliebt sich in Jason (Jamie Gillis). Dieser lebt in einem düsteren viktorianischen Anwesen und verlangt von ihr, sich als Beweis ihrer Liebe fremden Männern hinzugeben. Als Joanna auf seine Forderungen eingeht, werden seine Forderungen immer weitreichender. Es entwickelt sich eine MaleDom-Beziehung, in der beide aufgehen. Die Liebe Joannas zu ihrem Herrn wird umso tiefer, je mehr er von ihr verlangt. Dieser hat einen Todeswunsch und versucht, sie dazu zu bringen, ihn zu töten.

Kritiken

- „*Dieser Film ist auf jeden Fall der beste zum Thema Sado-Masochismus. Selbst Gerard Damianos hervorragender Beitrag zu diesem Thema Story of Joanna kann hier nicht ganz mithalten und der zwar sehr berühmte, doch unerträglich kitschige Film ‚Die Geschichte der O' von Just Jaeckin fällt da ganz hinten weg.*" Meisterwerke des Pornokinos (O.Bohn in seiner Kritik zu The Image)

Hintergründe

- Ebenfalls 1975 erschien Just Jaeckins Produktion Die Geschichte der O, die die Romanvorlage ebenfalls aufnahm und wesentlich zurückhaltender umsetzte.
- Ein ausführliches Interview Al Goldsteins mit Gerard Damiano zur Entstehung des Films wurde auf einer DVD namens *Midnight Blue: The Deep Throat Collection* veröffentlicht.
- Der Film war in den USA vorübergehend verboten, da es in einer Szene zu nicht detailliert dargestellten homosexuellen Handlungen kam.
- Der Film war 2005 in Kanada noch immer verboten.

Auszeichnungen

- XRCO Award (Hall of Fame)

Von „http://de.wikipedia.org/wiki/The_Story_of_Joanna"

Tokio Dekadenz

Tokio Dekadenz (jap. トパーズ, *Topāzu*, dt. *Topas*) ist der wohl bekannteste Film des japanischen Schriftstellers und Regisseurs Ryu Murakami. Er schildert zur Musik Ryuichi Sakamotos die Lebenswirklichkeit einer Prostituierten, die sich als Callgirl auf sadomasochistische Kunden spezialisiert hat.

Inhalt

Die schüchterne japanische Studentin Ai (愛, wörtlich „Liebe"), verdient sich als auf BDSM spezialisiertes Callgirl in der Glitzerwelt der Penthäuser Tokios ihren Lebensunterhalt.

Die Struktur des Films wird durch vier sexuelle Begegnungen getragen, wobei in der ersten und der vierten Dildos, Spiegel und die Umkehr der MaleDom-FemDom-Konstellation eine Rolle spielen. In der zweiten und dritten Szene kommt es ebenfalls zu einem entsprechenden Wechsel und zu Handlungen, die in einem Zusammenhang mit Asphyxie stehen.

Das vordergründige Grundmotiv der Geschichte ist die unerwiderte romantische Liebe, die Ai einem verheirateten ehemaligen Kunden und Galeristen entgegenbringt. Zu Beginn des Filmes erhält sie von einer mysteriösen Wahrsagerin den Rat, einen pinkfarbenen Topas zu kaufen, ihn als Schmuckstück zu tragen, ein Museum im Osten zu meiden und zwei Telefonbücher unter ihren Fernseher zu legen. Später verliert Ai den Stein bei einem Kunden, findet ihn wieder und geht schließlich zum Haus des Künstlers. Die herbeigerufene Polizei wird von einer Nachbarin zurückgehalten, die den Künstler ebenfalls liebt, jedoch auch zurückgewiesen wird.

Der Film schildert die Sterilität und Kälte des modernen Lebens und die verbreitete Unfähigkeit, in diesem tiefe zwischenmenschliche Beziehungen eingehen zu können.

Kritiken

„*Murakamis Film benutzt das sadomasochistische Szenario durchweg als Metapher für eine durch und durch materialisierte Gesellschaft, deren erstes Opfer die Würde und Individualität ihrer Bewohner ist. Topâzu nutzt demnach die sadomasochistische Thematik, um das Leben der zeitgenössischen japanischen Gesellschaft und der materialistischen Konsumgesellschaft schlechthin als schleichenden Zerstörungsmechanismus zu entlarven.*" ikonenmagazin

Auszeichnungen

- 1992 erhielt Murakami für den Film auf dem Filmfestival in Taormina den Preis für die beste Regie.

Hintergrund

- Der Film wurde bereits wiederholt in geschnittener Fassung im deutschen Fernsehen gezeigt. Erstmals komplett ungeschnitten lief er am 27. Juni 2008 auf arte (OmU). Er ist in Australien und Südkorea verboten.
- 1992 wurde der Film auf der Berlinale unter dem Titel *Tokyo Decadence Topaz* gezeigt, nahm aber nicht am Wettbewerb teil.

Fortsetzung

Am 17. April 2008 erschien die Fortsetzung *Tokyo Decadence 2* ungeschnitten in Deutschland auf DVD. Der Film toppte in Sachen Einspielergebnisse nicht den Vorgänger und kam in den Kritiken schlecht weg.
Von „http://de.wikipedia.org/wiki/Tokio_Dekadenz"

Tokugawa – Gequälte Frauen

Tokugawa – Gequälte Frauen (jap. 徳川女刑罰史, *Tokugawa onna keibatsushi*, wörtlich: „Geschichte der Tokugawa-Frauenstrafen") ist ein Pink Eiga mit Untergenre Ero Guro (erotische Groteske) und der erste Teil der Tokugawa-Reihe des japanischen Regisseurs Teruo Ishii. Wie alle Filme dieser Reihe zeigt der Film explizite Gewaltdarstellungen und Folterungen an Frauen während der Edo-Zeit des Tokugawa-Shogunats in Japan.

Inhalt

Der Film ist in drei Episoden eingeteilt.

Im ersten Teil wird eine junge Frau durch erpresserische Machenschaften eines reichen Kaufmanns zur Geliebten ihres Bruders und stirbt durch eine bestialische Hinrichtungsmethode.

Im zweiten Teil führen Eifersucht und lesbische Liebe in einem Nonnenkloster zu blutigen Tötungsorgien, die nicht minder grausam bestraft werden.

Im dritten Teil spezialisiert sich ein Tätowierer auf die Darstellung von Folterszenen und benutzt die Qual seiner Modelle als Quelle künstlerischer Inspiration.

Kritiken

„Der Leinwandfilm häuft Sadismen und Perversitäten, die vor allem durch ihre frauenverachtende Tendenz Brechreiz verursachen."
– *Lexikon des internationalen Films*

Ähnliche Filme

- Shogun's Sadism (1976)

Von „http://de.wikipedia.org/wiki/Tokugawa_%E2%80%93_Gequ%C3%A4lte_Frauen"

Tops & Bottoms

Tops & Bottoms ist ein Dokumentarfilm der kanadischen Regisseurin Christine Richey aus dem Jahr 1999.

Die Produktion schildert den Alltag in der kanadischen BDSM-Szene und gibt einen historischen Überblick über die Entwicklung des Themas. Hierbei schlägt sie einen inhaltlichen Bogen der von de Sade, über Leopold von Sacher-Masoch und Richard von Krafft-Ebing bis zum Leben heutiger Tops und Bottoms reicht.

Neben Interviews mit verschiedenen Tops und Bottoms versucht der Film einen Bezug zwischen der sozialen Wirklichkeit des 20. Jahrhunderts und BDSM herzustellen.

Hintergründe

- Die Produktion wurde 1999 auf dem Toronto Film Festival erstmals vorgeführt.
- Die TV-Ausstrahlung der Produktion führte zu Protesten einiger Zuschauer.

Auszeichnungen

- 1999: Genie Award-Nominierung der Academy of Canadian Cinema & Television als *Best Feature Length Documentary*

Von „http://de.wikipedia.org/wiki/Tops_%26_Bottoms"

Undercover Cops

Undercover Cops ist ein US-amerikanischer Spielfilm des Regisseurs Garry Marshall aus dem Jahr 1994. Der Film basiert teilweise auf dem sadomasochistischen Klassiker *Exit to Eden*, der von der US-amerikanischen Autorin Anne Rice unter dem Pseudonym *Anne Rampling* veröffentlicht wurde. Die literarische Vorlage wurde von Deborah Amelon und Bob Brunner in ein Drehbuch umgesetzt.

Der Film greift teilweise auf die Handlung des Buches zurück. Dana Delany verkörpert *Lisa Emerson* (im Buch *Lisa Kelly*), Paul Mercurio spielt *Elliot Slater*. Rund die Hälfte des Films basiert auf einem durch den Regisseur entwickelten neuen Handlungsstrang in Form einer Polizeikomödie. Hierzu wurden mehrere neue Charaktere entwickelt, einschließlich Dan Aykroyd und Rosie O'Donnell, die als Polizeibeamte Diamantendiebe in das *Eden* Freizeitressort verfolgen. Auch die neuen Figuren entdecken unterschiedlichste Formen von BDSM. Um die in der literarischen Vorlage enthaltenen Hauptfiguren in die neue Handlung einzubinden, wurden neue Dialoge und Szenen entwickelt.

Handlung

Elliot Slater lebt als junger attraktiver Profifotograf in Südkalifornien. Da er sich schon lange mit seinen eher in Richtung BDSM zielenden Vorlieben unwohl fühlte, bucht er in der Hoffnung, dies zu ändern, eine Reise in die Ferienanlage *Eden* auf einer privaten Tropeninsel. Ihm ist nicht bekannt, dass er kurz vor Beginn seiner Reise in sexuelles Neuland unwissentlich einen international gesuchten Juwelendieb fotografiert hat, von dem bis dahin keine Fotos existierten.

Der Juwelendieb Omar und seine kriminelle Partnerin Nina wollen den Film an sich bringen, um Omars Anonymität auch weiterhin sicherzustellen. Beide folgen Elliot in das von der Domina Lisa geleitete Ferienressort und geben sich dabei als Gäste der Anlage aus. Die beiden Zivilfahnder Fred und Sheila begeben sich nach einem Hinweis auf den Aufenthalt Omars ebenfalls auf die Tropeninsel, Sheila unter der Legende einer Femdom und Fred als angeblicher Handwerker. Die Situation wird zunehmend komplizierter, da die beiden Beamten nicht wissen, wie die von ihnen Gesuchten aussehen, da sich das einzige existierende Foto noch immer in Elliots Kamera befindet und die Gesuchten immer wieder versuchen, diese zu stehlen. All dies geschieht inmitten der regulären Besucher, die spärlich bekleidet ihre dominanten bzw. submissiven Fantasien ausleben und sich dabei keinerlei Gefahr bewusst sind. Auf ihrer Suche machen die beiden Beamten sehr unterschiedliche Erfahrungen, in deren Verlauf Fred immer wieder eher verständnislos reagiert, während Sheila zunehmend Toleranz, wenn nicht sogar Interesse entwickelt.

In einem zweiten Handlungsstrang verliebt sich Elliot in Lisa, der er als Strafe für seine wiederholte „Aufsässigkeit" als persönlicher Bottom dient. Nachdem sich auch Lisa in ihn verliebt hat, flieht sie aufgrund ihrer inneren Konflikte nach New Orleans. Hier kommt es zum Höhepunkt der Handlung, als sich Lisa und Elliot ihre Gefühle eingestehen, während sie von Omar verfolgt werden, der versucht, sie beide zu töten. Glücklicherweise naht Rettung in Gestalt von Fred und Sheila, die Omar und Nina ins Gefängnis schicken und von ihren Vorgesetzten eine Belobigung für die Aufklärung des Falls erhalten. Das frischverliebte Paar Elliot und Lisa hat sein Happyend. Ein attraktiver Gast, der sich Sheila im Lauf der Handlung immer wieder als Bottom anbot, entpuppt sich als Großindustrieller, der sie zum Abschied sehr eindrücklich zu sich einlädt.

Hintergründe

- Der Film erregte aufgrund der BDSM-Thematik sowie der Bekanntheit von Autorin, Regisseur und mitwirkenden Schauspielern öffentliche Aufmerksamkeit.
- Im Verlauf des Film werden wie beiläufig unterschiedliche Aspekte des Themas BDSM angesprochen, die teilweise ausdrücklich als Vorurteil entlarvt, anderseits im Dienste der *Komik* instrumentalisiert werden.
- Der Film ist in seiner Machart nicht pornografisch, erinnert in seiner Ästhetik jedoch eindeutig an den Porno Chic der 1970er Jahre. Sadomasochistische Motive des Haupthandlungsstranges werden stets ausgesprochen, vanillagemäß dargestellt und bleiben hinter anderen an den Mainstream gerichteten Produktionen mit BDSM-Themen, wie zum Beispiel 9 1/2 Wochen, weit zurück.
- Die Werbeunterlagen für den Film enthielten unter anderem Fotos von Delany in Dominakleidung, diese verbreiteten sich schnell in dem sich zu dieser Zeit erstmals rapide entwickelnden World Wide Web.
- Die Aufführung des Films wurde nach seinem US-amerikanischen Kinostart aufgrund der BDSM-Thematik in der kanadischen Provinz Sas-

katchewan verboten. Dies erstaunte einige Kritiker, da es sich um das einzige bekannt gewordene Verbot handelte. Nach circa einer Woche und umfangreicher Berichterstattung wurde das Verbot aufgehoben.
- Die im Film wiederholt in Szene gesetzten sehr ungewöhnlichen Flogger stammen von Janette Heartwood.

Kritiken

Der Film wurde von der überwiegenden Mehrheit der Kritik abgelehnt und erwies sich auch kommerziell als nicht erfolgreich. Insbesondere die Verbindung der ursprünglichen Romanvorlage mit komödiantischen Elementen wurde immer wieder als entscheidender Schwachpunkt hervorgehoben.

- „*Garry Marshall machte mit "Pretty Woman,, Prostitution genießbar, aber er hat offensichtlich keine Ahnung wie er dasselbe mit Sadomasochismus machen kann.*"
- „*Gary Marshall – der Mann der mit Pretty Woman Prostitution in den Mainstream brachte – verwandelt Anne Rices erotisches Märchen in eine Oben-Ohne Version von Fantasy Island, einschließlich des rührseligen Endes.*"
- „*Wie schlecht ist dieser Film? Ihr (die Besucher der Kritikerseite) wählt Rosie O'Donnells schauspielerische Leistung als die schlechteste, die je von einer Schauspielerin in einem Film erbracht wurde. Und Rosie ist, abgesehen von den Nacktszenen, das Beste an diesem Film – bei weitem. Verglichen mit Ackroyd strahlte sie wie ein komödiantisches Leuchtfeuer. Ich verleihe dem Drehbuch den Scoopy für das schlechteste (Drehbuch) der 1990er Jahre. Gnädigerweise hat der Autor nie wieder ein anderes Drehbuch verkauft... Er (der Film) ist einfach schrecklich. Reines Leiden vom Anfang bis zum Ende. Ich würde ihn als Komödie mit E bewerten, aber so muss ich ihm ein C- als* Pünktchen-Film *vergeben, da die Nacktszenen ein A- verdienen.*"
- „*So entsetzlich wie sein Ruf.*"
- „*Exit to Eden ist eine Schweinerei aber, erstaunlich genug, es war eine vernügliche Schweinerei.*"

Auszeichnungen

- Goldene Himbeere 1995
  - verliehen: Rosie O'Donnell als *Worst Supporting Actress*
  - nominiert: Dan Aykroyd und Rosie O'Donnell als *Worst Screen Couple*
  - nominiert: Dan Aykroyd als *Worst Supporting Actor*

Von „http://de.wikipedia.org/wiki/Undercover_Cops"

Venus im Pelz (Film)

Venus im Pelz ist ein deutsch-italienischer Spielfilm des Regisseurs Massimo Dallamano aus dem Jahr 1969. In der Hauptrolle agiert die italienische Schauspielerin Laura Antonelli, die dadurch erstmals einem größeren Publikum bekannt wurde. Der Film basiert auf der Novelle *Venus im Pelz* des österreichischen Schriftstellers Leopold von Sacher-Masoch aus dem Jahre 1870. Die Handlung wurde jedoch in die damalige Gegenwart verlegt.

Handlung

Nach einem ersten Treffen mit der wunderschönen Wanda (Laura Antonelli) entschließt sich Severin (Régis Vallée) diese heimlich zu verfolgen und beobachten. Nachdem er sie beim Sex mit Fremden, beim Duschen und beim Masturbieren beobachtet hat, entwickelt sich zwischen den beiden eine Femdom-Beziehung. Als sie ihn endlich verstößt, tröstet er sich mit Hausmädchen Gracia, während Wanda sich mit dem debilen Bruno einlässt. Severin, von Bruno allzu sehr gedemütigt, will seinen Frust an einer Prostituierten ausleben, die sich aber als Wanda zu erkennen gibt. Am Ende verfällt Severin dem Wahnsinn, weil er das Leiden, das er sich wünscht, nicht ertragen kann.

Anmerkungen

- Im gleichen Jahr erschien eine Produktion Jess Francos mit Klaus Kinski die unter dem gleichen Titel und unter dem aka *Schwarzer Engel* bekannt wurde

Kritiken

- Heyne Filmlexikon, 1996: „*Masochistischer Schriftsteller beichtet einem Psychiater seine Lebensgeschichte, die darin gipfelt, daß sich seine peitschenschwingende Sado-Geliebte ebenfalls als ‚unterwürfig' entpuppt. Sex-Kitsch.*"
- Film-Dienst: „*Modisch verkitschte Sexschnulze nach Sacher-Masochs Bestseller der erotischen Literatur, der von sexueller Unterwürfigkeit, Erniedrigungen und Sadismen handelt. In der psychologischen Zeichnung an Trivialität kaum mehr zu überbieten. Auch der sich anspruchsvoll gebende Dialog kann nicht über den verlogenen Charakter des verquälten Films hinwegtäuschen.*"

Von „http://de.wikipedia.org/wiki/Venus_im_Pelz_(Film)"

Verfolgt (2006)

Verfolgt ist ein deutscher Beziehungsfilm der Regisseurin Angelina Maccarone aus dem Jahr 2006. Der Film schildert die sadomasochistische *Amour fou* der Bewährungshelferin Elsa und ihres sechzehnjährigen Klienten Jan. Der Schwarzweißfilm gewann den Goldenen Leoparden im Wettbewerb *Cineasten der Gegenwart* des 59. Internationalen Filmfestivals von Locarno.

Handlung

Die erfolgreiche Bewährungshelferin Elsa Seifert lebt mit Raimar, dem Vater der gemeinsamen Tochter Daniela, und geht vollständig in ihrer Arbeit auf. Nach dem Auszug ihrer Tochter beginnt Elsa an ihrem Leben und jahrealten Handlungsabläufen zu zweifeln. Sie sucht ein intensives Lebensgefühl in ihrem Alltag wiederzuentdecken. Als ihr neuer Klient, der sechzehnjährige Straftäter Jan, vorschlägt, sich ihr sexuell zu unterwerfen und auszuliefern, entdeckt sie die ihr neue Welt des Sadomasochismus. Schnell erkennt sie den Reiz, den weibliche Dominanz auf sie ausübt. Elsa wagt es, sich auf Jans Angebot einzulassen; während die beiden ihre Sehnsüchte umsetzen und sich immer intensiver nur noch aufeinander beziehen, entgleist Elsas Leben immer mehr.

Hintergründe

- *Verfolgt* entstand ohne eine Beteiligung eines Fernsehsenders. Cast und Crew beteiligten sich finanziell an der Produktion und ermöglichten so deren Entstehung.
- Die Produktion wurde von der Filmförderung Hamburg, dem Kuratorium junger deutscher Film der FFA und MEDIA MFI gefördert.

Kritiken

Der Film wurde von der überwiegenden Mehrheit der Kritik überschwänglich gelobt:
„In kunstvollem Schwarz-Weiß erzählt die Regisseurin gnadenlos hart eine gewagte Sado-Maso-Story. Maren Kroymann fasziniert als 52jährige, die sich in eine gefährlich intensive Liaison mit einem 16Jährigen einlässt. Ein Film von schockierender Offenheit."
– *Die Welt*

„In der Newcomer-Reiher ‚Cineasten der Gegenwart' sorgte VERFOLGT für eine kleine Sensation: die Geschichte einer Sado-Maso-Beziehung zwischen einer 52-jährigen Bewährungshelferin (großartig: Maren Kroymann) und ihrem 16-jährigen Schützling, behutsam und ganz ohne Voyeurismus oder S/M-Klischee erzählt."
– *Hamburger Morgenpost*

„… mit schöner Selbstverständlichkeit balancierend auf dem Grat zwischen Komik und Tragödie."
– *Süddeutsche Zeitung*

„Maccarones Herangehensweise an den Stoff ist bemerkenswert: frei von Ledererotik, Körpersäften und Peitschenseligkeit, in kontrastreichem Schwarzweiß zeigt VERFOLGT die Zerbrechlichkeit dieser beiden Menschen, die sich nur zaghaft ihrer Leidenschaft hingeben."
– *Der Tagesspiegel*

„Ein beunruhigender, ein verstörender Film. Und Maren Kroymann gebührt für die Rolle der Elsa alle Darstellerpreise, die der deutsche Film zu vergeben hat."
– *Hessischer Rundfunk*

Auszeichnungen

- 2006 erhielt der Film den Goldenen Leoparden im Wettbewerb *Cineasti del Presente* des 59. Internationalen Filmfestivals von Locarno.
- 2007 wurde Maren Kroymann als *Beste Darstellerin* mit dem Preis der deutschen Filmkritik ausgezeichnet.
- Die Filmbewertungsstelle Wiesbaden verlieh dem Film das Prädikat „Besonders wertvoll". In der Begründung heißt es u. a.:

„Ohne jemals spekulativ zu werden, greift Regisseurin Angelina Maccarone das Tabuthema SM-Beziehung auf, überspitzt es sogar noch durch die Geschlechts-Alter-Konstellation. Dem wagemutigen Drehbuch von Susanne Billig und der souveränen Inszenierungskunst Angelina Maccarones gelingt es meisterhaft, eine unglaublich facettenreiche, aber niemals überfrachtete Ausgangssituation zu schaffen und diese den ganzen überaus atmosphärisch dichten Film hindurch ständig weiter anzureichern. (…) Die sehr weit führende, in Teilen sehr persönliche Diskussion um den Film in der FBW-Jury ist Indiz für die Brisanz des Themas und für die auf höchstem künstlerischem Niveau gelungene Umsetzung, die einen weiteren Höhepunkt im kreativen Schaffen der Regisseurin und der Produktionsfirma (MMM Film Zimmermann & Co GmbH., Hamburg) darstellen und die größte Hoffnung auf weitere, ähnlich beeindruckende Werke wecken."

Von „http://de.wikipedia.org/wiki/Verfolgt_(2006)"

Verführung: Die grausame Frau

Verführung: Die grausame Frau ist ein experimenteller deutscher Spielfilm der Regisseurinen Elfi Mikesch und Monika Treut aus dem Jahr 1985. Der in einem collagenhaft-surrealen Stil inszenierte Film schildert die sadomasochistische Erlebnisse einer Gruppe unterschiedlicher Menschen im unmittelbaren Umfeld einer Domina und wurde durch Leopold von Sacher-Masochs Roman Venus im Pelz inspiriert.

Handlung

Die Geschäftsfrau und Domina Wanda führt mit ihren männlichen und weiblichen Bottoms regelmäßig bezahlte öffentliche BDSM-Performances in ihrer Galerie am Hamburger Hafen durch. Einer der an diesem Vorführungen Mitwirkenden, der romantische Schwärmer Gregor verliebt sich in sie. Der Journalist Mahrsch, will ein Interview mit Wanda und lernt dabei etwas über seinen eigenen verborgenen Masochismus und wird zum „Toilettensklaven".

Hintergründe

- Die einem breiten Publikum aus einem Kaffeewerbespot als Frau Sommer bekannte, Xenia Katzenstein war für Kulissen und Dekoration der Sets zuständig.
- Der Kunstprofessor Peter Weibel ist in einer Nebenrolle als Toilettensklave zu sehen.
- Das Hamburger Filmbüro und das

- Filmbüro Nordrhein-Westfalen unterstützten Produktion und Vertrieb des Films.
- Der Film wurde auf 35mm in Farbe gedreht und im Februar 1985, im Rahmen des Forums der Internationale Filmfestspiele Berlin uraufgeführt.
- Der Film hätte mit 250.000 DM durch den Filmförderungsausschuss des Bundesinnenministeriums gefördert werden sollen. Kurz nach Vorlage des Drehbuchs bei Innenminister Friedrich Zimmermann wurde der Antrag ohne Angabe von Gründen zurückgezogen, nachdem zuvor noch Aussichten darauf bestanden hatten.

Kritik

- "Aufregenderes, subversiveres, seltsameres Kino wird man so bald bei uns nicht mehr zu sehen bekommen." H.C. Blumenberg, Die Zeit
- "Dieser subversive, souveräne Campfilm verzaubert, verprügelt, erobert und verwirrt den Zuschauer." Frank Ripploh, Tip, Berlin
- "...die Perversion des Masochismus wird weder erklärt noch für Verständnis bei den "normalen" Kinogängern geworben.(...) rundum überflüssig und ärgerlich." Hans Messias, Katholischer Filmdienst
- "Diese Mischung aus Fäkaliensprache und Erotik kann niemandem zugemutet werden." Friedrich Zimmermann (CSU), ehemaliger Bundesinnenminister, zum Drehbuch anlässlich der CDU/CSU Mediengespräche, Bayrischer Hof, München
- "Die verschwenderisch schönen Bilder erzeugen einen Sog, dem man sich nur schwer entziehen kann und machen VERFÜHRUNG:DIE GRAUSAME FRAU zu einem der geheimnisvollsten Filme des deutschen Kinos." Roland Keller, Cinema
- "Die Schauspielerin Mechthild Grossmann ist, dank zahlreich angedeuteter Nuancen in Stimme, Mienenspiel und Körpersprache, nicht nur eine starke Frau. Es ist, als hebe sie bisweilen den Gegensatz der Geschlechter regelrecht auf. Sie ist zur absoluten Herrscherin des Films geworden. VERFÜHRUNG:DIE GRAUSAME FRAU ist nicht zuletzt ihr begeisterndes Werk." Wolfgang Würker, Frankfurter Allgemeine Zeitung
- "Ich danke Ihnen für diesen wunderschönen Film" Jean Baudrillard, nach der Pressevorführung in Paris
- "...vermutlich die einzige intelligente Innenansicht des konsensuellen Sadomasochismus, die jemals auf der Leinwand zu sehen war." Andrew Dowler, NOW, Toronto
- "Großartig: Sadomasochismus wie von Avedon und Kostüme von Dior." Film Comment
- "Eine provozierende Mischung aus Fassbinder und Cabaret!" New York Times

Festivals

Der Film wurde unter anderem auf folgenden Filmfestivals vorgeführt:
Von „http://de.wikipedia.org/wiki/Verf%C3%BChrung:_Die_grausame_Frau"

Vor Einbruch der Nacht

Vor Einbruch der Nacht ist ein Spielfilm des französischesn Regisseurs Claude Chabrol aus dem Jahr 1971. Das Drehbuch basiert auf Edward Atiyahs Roman *The Thin Line* aus dem Jahr 1951 und stellt einen erfolgreichen Pariser Werbefachmann (gespielt von Michel Bouquet) in den Mittelpunkt, der nach dem Mord an seiner Geliebten mit Gewissensbissen und dem Wunsch nach Sühne konfrontiert wird. Der Film, der seine Uraufführung am 31. März 1971 in Frankreich feierte, wurde von *Cinegai S.p.A.* und *Les Films de la Boétie* produziert.

Handlung

Der Pariser Werbefachmann Charles Masson hat Erfolg in seinem Beruf. Er führt eine tadellose Ehe mit der eleganten Hélène und hat zwei wohlgeratene Kinder. Die Familie hat ein schwarzes Dienstmädchen bei sich integriert und bewohnt eine moderne Vorortvilla. Heimlich unterhält Charles aber eine Affäre mit der masochistisch veranlagten Laura. Sie ist die Ehefrau des befreundeten Innenarchitekten François Tellier und gleichzeitig Freundin von Hélène. Charles und Laura geben sich leidenschaftlich gern SM-Spielen hin. Bei einem neuerlichen Treffen erdrosselt Charles Laura jedoch während des Liebesakts. Wie betäubt lässt Charles den Leichnam in der extra für die Seitensprünge genutzten Wohnung zurück. Er sucht Trost in einer nahegelegenen Bar, wo er sich betrinkt. Dort trifft er auf François, dem er aber die Wahrheit verheimlicht.

Die Seitensprünge von Charles sind jedoch nicht unbemerkt geblieben. Ein Freund Lauras, der den beiden die Wohnung zur Verfügung stellte, ist Charles begegnet. François wird darüber in Kenntnis gesetzt, bittet jedoch den Bekannten die Polizei aus dem Spiel zu lassen. Die Untersuchungen der Kriminalpolizei laufen ins Leere, und die Massons nehmen am Begräbnis von Laura teil. Charles verfällt währenddessen immer mehr in Apathie und erleidet eines Nachts einen Nervenzusammenbruch. Er kommt zu dem Schluss, dass er Laura und die sexuelle Macht, die sie über ihn hatte, gehasst hat und dass er für das Verbrechen bezahlen muss.

Von Gewissensbissen und Sühnebedürfnis gepeinigt, berichtet Charles seiner Ehefrau Hélène im darauffolgenden Erholungsurlaub von der Affäre und der Tötung. Streit und Schuldzuweisungen bleiben jedoch aus. Hélène kann die Beweggründe ihres Ehemanns nachvollziehen und ist ihm trotz allem zugetan. Sie rät ihm, weder die Polizei aufzusuchen noch François etwas zu sagen. Charles, der für einen Arbeitskollegen Sympathien zu hegen beginnt, der Geld der Firma veruntreut, wendet sich daraufhin an François. Aber der Witwer rät seinem alten Freund ebenfalls dazu, die

Affäre auf sich beruhen zu lassen. Ein Geständnis bei der Polizei könnte Laura auch nicht zurückbringen, aber Charles und seine Familie zerstören.

Sowohl Hélène als auch François versuchen Charles dazu zu überreden das Verbrechen zu vergessen und weiterzuleben. Er beginnt aber mehr und mehr an der selbst auferlegten Schuld zusammenzubrechen. Als auch die Polizei seine Hinweise verwirft, plant Charles, sich gegen den Willen seiner Frau, die keinen moralischen Nutzen in diesem Unterfangen sieht, am nächsten Tag zu stellen. Als er Hélène um ein Schlafmittel bittet, serviert sie ihm ein Glas Wasser mit einer Überdosis Laudanum, legt sich neben ihm ins Bett und schaltet das Licht aus.

Kritiken

„Ein gelegentlich etwas konstruierter, aber mit psychologischer Finesse inszenierter Film, der eindrucksvoll zerstörerische Aspekte einer nur halb vollzogenen Emanzipation von bürgerlich-christlichen Moralvorstellungen behandelt."

– *Lexikon des internationalen Films*

Die Frankfurter Allgemeine Zeitung urteilte, dass Chabrols Filme von außen gesehen, *„so glatt, perfekt, funktionstüchtig"* wie jene von Claude Lelouch erscheinen würden. Michel Bouquets und Stéphane Audrans Figuren seien für *„Denkende"* kaum genüsslich verzehrbar, sofern man nicht, gemäß dem *Paten*, *„das Morden als unvermeidbare Tätigkeit dem Lebensrhythmus Arrivierter"* einbeziehe. *„Der Zynismus wäre dann vollkommen"*, so der Rezensent der FAZ.

David Robinson (The Times) zog Vergleiche zu Chabrols *Die untreue Frau* (1969), in der Thema und Figurenkonstellation ähnlich gelagert seien. Der Mord sei mehr als im vorangegangenen Werk nur ein Zwischenfall, *„ein beinahe willkürliches Motiv für das moralische Drama"*, das mit kühler Eleganz und Esprit und einer *„merkwürdigen unsentimentalen Wärme"* ausgelegt sei, konzentriert und ökonomisch. Chabrol bleibe ein „meisterhafter Geschichtenerzähler [...]."

Der US-amerikanische Kritiker Roger Ebert (Chicago Sun-Times) pries *Vor Einbruch der Nacht* als einer von Chabrols besten Filmen über sein favorisiertes Thema – dem *„dunklen Verlangen und gepflegten Geheimnissen"* hinter der französischen Bourgeoisie. Der Film sei eine *„Meditation über Schuld."*

Auszeichnungen

Sowohl für den Part der Hélène in *Vor Einbruch der Nacht* als auch für ihre Rolle in Luis Buñuels Oscar-gekröntem Werk *Der diskrete Charme der Bourgeoisie* (1972) wurde Stéphane Audran 1974 mit dem Britischen Filmpreis als beste Hauptdarstellerin ausgezeichnet.

Literatur

- Atiyah, Edward: *The Thin Line*. Davies : London, 1951.

Von „http://de.wikipedia.org/wiki/Vor_Einbruch_der_Nacht"

Walk All Over Me

Lothaire Bluteau, Carolyn McMaster, Jacob Tierney, Michael Eklund, Robert Cuffley, Tricia Helfer

Walk All Over Me ist ein kanadischer Thriller aus dem Jahr 2007. Regie führte Robert Cuffley, der gemeinsam mit Jason Long das Drehbuch schrieb.

Handlung

Alberta lebt in einer Kleinstadt und arbeitet in einem Lebensmittelgeschäft. Sie wohnt mit Celene zusammen, die sich als Domina betätigt. Alberta verdächtigt ihre Mitbewohnerin zunehmend, diese würde eine falsche Identität benutzen.

Kritiken

David Nusair schrieb auf *Reel Film Reviews*, der Film sei *„gut gespielt"*, die Regie sichere ihm Stil. Das *„leblose"* Drehbuch sei jedoch *„hoffnungslose Routine"*. Dem klischeehaften Charakter von Alberta fehle jegliche Authentizität.

Hintergründe

Der Film wurde in Vancouver und in Winnipeg gedreht. Seine Weltpremiere fand am 11. September 2007 auf dem Toronto International Film Festival 2007 statt. Am 22. September 2007 wurde er auf dem *Calgary Film Festival* gezeigt.

Von „http://de.wikipedia.org/wiki/Walk_All_Over_Me"

Wambo

Wambo ist ein deutscher Fernsehfilm aus dem Jahr 2001.

Handlung

Der Film beschreibt die Lebensgeschichte des 1990 ermordeten Schauspielers Walter Sedlmayr, der zeitlebens versuchte, seine homosexuellen Neigungen vor der Öffentlichkeit zu verbergen. Im Film trägt die Hauptfigur den Namen *Herbert Stieglmeier* und wird von Jürgen Tarrach dargestellt.

Die Lebensgeschichte wird aus dem Blickwinkel seines beruflichen Umfelds erzählt und lässt – teilweise im dokumentarischen Stil – Schauspielerkollegen über ihn berichten. Seine sexuellen Vorlieben im Sado-Maso-Bereich werden mitunter drastisch angedeutet.

Preise

Ein Adolf-Grimme-Preis ging 2001 an Jo Baier für die Regie und Jürgen Tarrach als Hauptdarsteller.

Sonstiges

Der aus dem Rheinland stammende Hauptdarsteller Jürgen Tarrach musste für die Rolle lernen, "akzentfreien" bairischen Dialekt zu sprechen.

Von „http://de.wikipedia.org/wiki/Wambo"

Wilde Nächte – Leidenschaft ohne Tabus

Wildly Available ist ein US-amerikanischer Film des Regisseurs Michael Nolin aus dem Jahre 1999.

Handlung

Der erfolgreiche Galerieinhaber Joe Goodman (Kristoffer Tabori) ist mit Rita (Jane Kaczmarek) verheiratet; beide haben eine gemeinsame Tochter (Rachel Crane). Auf einer Party lernt der trockene Alkoholiker die Domina Wendy (Jennifer Sommerfield) kennen. Zwischen den beiden entwickelt sich eine auf FemDom basierende Affäre. Obwohl Goodman seine Ehe immer stärker hinterfragt, Wendy zunehmend verfällt und diese sogar mit auf eine Geschäftsreise nimmt, will er weder seine Ehefrau noch seine Tochter im Teenageralter für sie verlassen. Als Wendy dies erkennt, macht sie deutlich, dass sie die Beziehung nur dann fortsetzen wird, wenn Goodman sich klar für sie entscheidet und seine Frau verlässt.

Von „http://de.wikipedia.org/wiki/Wilde_N%C3%A4chte_%E2%80%93_Leidenschaft_ohne_Tabus"

Wir leben … SM!

Wir leben … SM! ist eine deutsche Filmdokumentation des Regisseurs Gerhard Stahl aus dem Jahr 2004. Der Film begleitet ein Jahr lang zwei Menschen, die auf unterschiedliche Weise Bezüge zur deutschen BDSM-Szene haben, und stellt deren Lebensentwürfe vor. Interviews mit bekannten Kulturschaffenden mit BDSM-Bezug runden die Produktion ab.

Handlung

Die Dokumentation begleitet ein Jahr lang ein Paar, das BDSM in seinen Lebensmittelpunkt gestellt hat, in seinem privaten und beruflichen Umfeld. Die Stuttgarter Domina „Lady Isis" arbeitet hauptberuflich in einem Studio, weiterhin choreografiert sie und tritt mit Performances auf BDSM-Veranstaltungen auf. Unter dem Namen „Woschofius" ist auch ihr Freund, der vierzigjährige Andreas im Bereich BDSM aktiv. Er schreibt, musiziert, fotografiert und baut Skulpturen. Weiterhin betreibt er einen Online-Shop und ist als Veranstaltungsorganisator von Partys tätig.

Neben dem Alltagsleben des Paares stellt der Film auch deren gemeinsamen weiblichen Bottom Z. vor und zeigt die drei bei einer Spielsession. Die Produktion zeigt Aufnahmen des Christopher Street Day und Interviews mit Künstlern wie Matthias T. J. Grimme und Axel Tüting.

Kritik

„Gestalterisch konventioneller Dokumentarfilm über Spielarten des Sadomasochismus, der drei exponierte Vertreter der Szene zu Wort kommen lässt, in aller Deutlichkeit Praktiken vorführt und die Lebens- und Lustphilosophien der Porträtierten nahezubringen versucht. Er wendet sich durchaus an Menschen mit einer normal ausgerichteten Sexualität, stößt aber in seinem Bemühen, die vorgebliche Normalität solcher Praktiken herauszustellen, zwangsläufig auf Unverständnis und Widerspruch."

– *Filmdienst*

Hintergründe

- Die Musik der Produktion stammt von Carlos Peron, Gründungsmitglied der Musikgruppe Yello.
- Die Premiere des Films fand am 30. Januar 2004 im Düsseldorfer Filmkunstkino Metropol statt.
- Die DVD-Version des Films enthält als Bonus einen elfminütigen Mitschnitt eines gemeinsamen Auftritts von „Lady Isis" mit Carlos Perons auf dem Wave-Gotik-Treffen in Leipzig.

Von „http://de.wikipedia.org/wiki/Wir_leben_%E2%80%A6_SM!"